国土综合整治研究

郝　庆　孟旭光　刘天科◎主编

科 学 出 版 社

北　京

图书在版编目（CIP）数据

国土综合整治研究 / 郝庆，孟旭光，刘天科主编. —北京：科学出版社，2018.6

ISBN 978-7-03-056851-9

Ⅰ. ①国… Ⅱ. ①郝… ②孟… ③刘… Ⅲ. ①国土整治-研究-中国 Ⅳ. ①F323.24

中国版本图书馆 CIP 数据核字（2018）第 048859 号

责任编辑：石 卉 乔艳茹 / 责任校对：王 瑞

责任印制：吴兆东 / 封面设计：有道文化

科学出版社 出版

北京东黄城根北街 16 号

邮政编码：100717

http://www.sciencep.com

北京厚诚则铭印刷科技有限公司印刷

科学出版社发行 各地新华书店经销

*

2018 年 6 月第 一 版 开本：720 × 1000 B5

2025 年 2 月第四次印刷 印张：11 1/2

字数：168 000

定价：68.00 元

（如有印装质量问题，我社负责调换）

本书编委会

主　编　郝　庆　孟旭光　刘天科

编　委（以姓氏笔画为序）

王　丹　王传君　王步清　刘建芬

那春光　贡　泽　杨德栋　吴尚昆

张玉韩　张福生　陈丽新　周　璞

侯华丽　郭冬艳　董　煜　董延涛

强　真　强海洋　靳利飞　薛全全

前言

国土是生态文明建设的空间载体、物质基础和组成要素。我国国土包括陆域国土和海洋国土，是支撑中华民族繁衍生息的宝贵家园，也是经济社会可持续发展的基本载体。我国历史上开展的一系列国土整治活动，改善了人民生产生活条件，促进了区域间的交流和工商业的发展，强化了中央政府对地方的管理。一些重大国土整治活动甚至影响了朝代的兴亡更替，在历史发展中具有重要的军事、政治和社会经济意义。

改革开放以来，我国国土资源为长达 30 多年的高速发展提供了有力支撑。与此同时，我国在资源环境领域也面临诸多矛盾叠加显现、风险隐患增多的严峻挑战，出现了国土开发失衡、资源约束趋紧、环境污染严重、生态系统不断退化等问题。为此，中共中央、国务院提出大力推进生态文明建设，积极应对国土开发面临的风险与挑战。经国务院同意，2010 年 9 月，国土资源部与国家发展和改革委员会（简称国家发改委）牵头，会同财政部、住房和城乡建设部（简称住建部）、环境保护部等 28 个部委，共同启动开展《全国国土规划纲要（2016—2030 年）》（2017 年 1 月正式印发）的编制工作，全面推进国土集聚开发、分类保护和综合整治，加快构建安全、和谐、开放、协调、富有竞争力和可持续发展的美丽国土。

笔者全程参与了《全国国土规划纲要（2016—2030 年）》的编制工作，

参与了国土综合整治相关内容的专题研究、文本起草、规划解读与宣传等工作，完成了“国土综合整治前期研究”“国土综合整治机制研究”“加强国土综合整治研究”等课题，向国家和有关部委提交了《推进国土综合整治的思路》《国土综合整治重大工程论证》等对策建议；研究提出的“四区一带”国土综合整治格局被纳入《全国国土规划纲要（2016—2030 年）》《国土资源“十三五”规划纲要》等重要战略规划中；论证提出的国土综合整治工程在《中华人民共和国国民经济和社会发展第十三个五年规划纲要》中得到体现，被纳入国家山水林田湖生态工程。

本书以上述课题研究和规划编制工作为基础，旨在通过借鉴国内外实施国土综合整治的成功经验，明确我国国土综合整治概念内涵、识别开展国土综合整治的重点区域、论证部署国土综合整治重大工程、构建推进国土综合整治的长效机制，为我国开展国土综合整治工作，推进生态国土建设提供决策参考。全书在系统分析德国、日本、美国、苏联、法国等世界主要国家，以及我国历史上和现阶段各部门开展国土整治相关工作的基础上，进行国土综合整治评价分析，以明确国土综合整治的重点区域和主要方向，并结合国家现有行政管理体制，顺应生态文明体制改革的要求，探索建立适合中国国情的国土综合整治新机制，明确国土综合整治的重点区域部署，提出开展国土综合整治的建议。本书主要内容分为三个部分。

第一部分为经验借鉴，包括第一章至第三章。

一是通过查阅分析相关资料，阐明“国土整治”“国土综合开发整治”“国土资源综合整治”“国土综合整治”等词语的演化和概念内涵。笔者认为“国土整治”可以简单理解为针对问题国土采取生物措施、工程措施等手段提高自然资源利用效率、优化国土空间开发结构、治理修复生态环境系统的过程。“国土综合整治”则是相对于单一的、专项的国土整治提出的概念，更加强调国土整治的理论基础以及整治目标、整治手段、整治主客体、整治措施、整治效果等的综合性和系统性，可以看作是国土整治的高级阶段，也是国土整治发展的必然趋势。

二是重点分析德国、日本、美国等国家国土综合整治工作的开展情况，总结国外国土综合整治的特点以及对我国国土综合整治的启示。各国在开展国土整治实践过程中，国土整治内容由少到多，整治区域由小到大，整治目标由单一到综合，整治手段由传统到先进，发生了较大的变化，积累了丰富的理论和实践经验，对我国的国土整治具有较强的借鉴意义，如重视资源环境基础调查、注重明晰产权和整治责任、重视法制建设、重视区域和国际合作、注重机构建设和人才培养、注重维护自然生态景观等。

三是系统回顾我国不同历史时期开展的国土综合整治相关工作，剖析国土综合整治现状及存在的问题，主要表现为：单项整治效果比较单一，不利于整体功能的提升；各部门缺乏配合，未形成推进国土整治的合力；国土综合整治尚未走上制度化和规范化轨道；政策措施不足，难以形成良好的整治资金多元投入机制等。

四是明确在加快推进生态文明建设背景下，需要大力加强国土综合整治，使之成为支撑国家粮食安全和生态安全、保障可持续发展、促进城乡统筹和区域协调发展的重要抓手和基础平台，促进国土开发利用从无序到有序、从低效到高效、从危机到安全的转变，不断增强国土的综合承载能力和抵御风险能力。

第二部分为长效机制研究，包括第四章到第九章。

一是以国土空间规划为统领，构建层次清晰、功能定位明确的空间规划体系，明确不同空间的地域功能、开发利用方向，为国土综合整治重大工程的部署提供空间指引。

二是以资源环境承载力评价为基础，科学评价国土空间的资源环境本底状态、承载状态和承载潜力，识别国土开发利用中存在的问题以及潜在的风险，明确不同区域国土综合整治的目标、任务和整治路径。

三是以自然资源产权制度为前提，明晰政府与市场、不同层级政府的管理边界，确定中央与地方以及不同利益主体之间在实施国土综合整治全过程，包括前期部署、中期治理和后期管护等环节中需要承担的责任和义务。

四是以国土空间管制为手段，明确空间分区开发标准和控制引导措施，防范国土开发利用中可能出现的问题，从根源上做好国土综合整治工作。

五是以纵向财政转移支付和横向生态补偿为保障，探索构建多元化的资金投入机制，为国土综合整治提供资金保障。

六是以城乡建设用地增减挂钩、耕地占补平衡、工矿废弃地复垦利用等具体措施为路径，明确不同区域、不同领域实现国土综合整治目标的可操作性措施。

第三部分为开展建议，包括第十章和第十一章。

一是针对我国国土开发利用中存在的问题，坚持“山水林田湖草是一个生命共同体”的理念，按照不同地域的主体功能，在农村地区、城市化地区、重要生态功能区、矿产资源开发集中区、海岸带和海岛，重点开展国土综合整治，改善人居生活环境，修复受损生态系统，促进生态保护，优化开发结构和布局，提高国土开发利用与资源环境承载力匹配程度，提高国土开发效益和效率。

二是基于相关研究提出推进国土综合整治的建议，包括：形成“调查评价—宏观区划—选区落实—整体设计—分步实施”路线图；开展目标导向的国土综合整治试点建设和问题导向的国土综合整治重大工程建设；构建国土综合整治的工作组织、多元化资金投入、协同管护等长效机制；健全国土综合整治的政策措施等。

本书的编写依托《全国国土规划纲要（2016—2030 年）》的编制以及系列支撑研究课题，得到国土资源部、中国国土资源经济研究院、中国土地勘测规划院、国土资源部信息中心、国土资源部土地整治中心，以及中国科学院地理科学与资源研究所、北京大学、北京师范大学等单位专家领导的悉心指导和帮助，在此表示由衷的感谢！

编　者

2018 年 1 月 8 日

目录

第一章
绪　论

国土是空间、资源与环境的综合体，是人类生存和发展的基础。人类社会，由最初临时地、简单地、局部地、微小地改造国土，到今天实施长期地、综合地、复杂地、大型地改造国土。在开发利用和改造国土的过程中，针对产生的一些资源利用效率不高、空间结构失衡、生态系统破坏、环境质量恶化等问题，采取生物措施、工程措施等进行修复整治，即国土整治。随着人类利用自然、改造自然能力的提高，国土整治工作也逐步由零星的、分散的、简单的整治活动向综合地、有计划地、统筹地整治演化。随着国土整治的目标多元化、整治的内容和手段多样化、整治的时间维度和空间维度不断拓展，实现了由简单的单项国土整治逐步迈向系统的综合性国土整治，即国土综合整治。基于上述发展关系，国土综合整治可以看作是国土整治的高级阶段或者高级形式（邓玲和郝庆，2016）。从国土整治的工作实践和理论研究看，国土整治从实际工作出发，以任务带动学科发展的方式，在具体工作中逐步总结经验，实现了理论的发展。

一、国土整治的概念

我国现代意义上的国土整治起源于20世纪80年代初，是在当时开展的国土开发整治相关工作背景下产生的。改革开放以后，我国意识到国土整治的重要性，提出借鉴主要发达国家的经验，在我国开展国土开发整治和国土规划工作，并组织了一些中央和地方代表团赴联邦德国、法国、荷兰等欧洲国家考察。由于各自翻译的不同，“地区整治”“领土整治”“国土整治”“国土规划”等词语应运而生，同时出现的还有“国土资源综合整治”“国土开发整治”“国土综合规划”“国土资源综合整治规划”等词语。对于各国的具体工作，翻译也不相同，如德国叫“空间整治或区域整治”，意大利称“领土规划”，日本叫“国土综合开发计划”，法国称“领土整治”等。虽然名称各异，但其内涵相似。

借鉴国外国土开发利用与保护整治的相关经验，我国从20世纪80年代初到90年代中期国土工作蓬勃开展，开展了一系列国土开发整治和国土规划编制工作。但是无论在学术界，还是在政府规范性文件上，对“国土整治”等词语并无统一的定义和解释。不少专家学者与政府官员根据工作实践，提出了对国土综合整治的理解。

原国家计划委员会（简称国家计委）国土局局长陈鹄认为，国土整治就是要按照自然规律和经济规律的要求，运用人类已经取得的科学技术成就和生产力，对国土资源进行有计划的开发、合理的利用、有效的治理、妥善的保护；同时尽可能使开发、利用、治理、保护很好地结合起来，使开发利用与治理保护起到相辅相成、互相促进的作用，防止开发利用国土资源时派生出消极破坏因素，并且相应地搞好生产、人口、城镇的合理布局①。原国家计委国土规划和地区经济司（简称国土司）司长方磊认为，国土整治的提出是资源、环境、空间的现状和潜力与人口、经济、社会的发展要求不相适应，

① 参考：陈鹄《国土整治》国土规划讲稿文件汇编，国家计委国土局规划处，1984年11月。

从而导致尖锐矛盾的结果，对国土整治的完整理解应当是开发利用、治理保护和布局三大方面，而不是开发、利用、治理、保护（方磊和黎福贤，1982）。于光远（1982）认为，国土整治是针对国土利用上存在的问题而进行的利用、保护和改造，是对国土问题进行“诊断”后采取的行动。吴传钧（1982）认为，国土整治是关于国土的开发、利用、治理、保护的概括提法，它既包括有关这些方面的调查研究，也包括为实施具体工作而进行的规划。杨树珍（1983）认为，国土整治的内容包括对国土的考察、开发、利用、治理和保护等相互联系和制约的各个环节，其中对国土进行考察是开展国土工作的出发点和立足点；国土的开发和利用是国土整治工作的中心。陆大道（1984）对国土整治规划的类型及基本职能进行了系统的论述，认为国土整治的主要目标、主要内容等都取决于各个国家或地区的经济制度、政治制度及其发展阶段和水平，以及各个国家或地区的自然条件，并提出“国土整治”（raumordnung）的确切翻译应当是区域整治，同时，认为从国外引进的“国土”一词的真正含义是“区域”，包括土地及其范围内的“资源综合”。

从以上对国土整治的理解，可以总结出国土整治的基本概念：国土整治就是遵循自然规律和经济社会发展规律，综合运用各种技术手段，对国土及其组成要素进行统筹的开发利用和治理修复，提高资源利用效率、优化空间结构、治理修复生态环境，不断改善人们的生产、生活环境，实现资源环境要素与经济社会发展的协调统一。需要说明的是，国土整治与土地整治是有区别的，国土整治是面向区域的综合整治，而土地整治是以土地要素为特定对象的相关开发、整理、复垦、修复等整治工作。

二、国土整治的内涵

国土整治的目标任务和相关措施是随着一个国家的经济社会发展而不断变化的。世界各国的国土整治，都是当经济社会发展到一定阶段后对区域内国土及其组成要素提出新的需求，进而主动对国土开发利用的方式和结构进行调整优化。这就决定了各国的国土整治不可能有固定的模式，应当根据各地资源环境的区域特点和经济社会的发展阶段，确定国土开发利用与整治的目标、手段和内容。

国土整治除了字面意思外，还具有更加具体和深刻的内涵。国土整治是针对国土开发利用中的不利因素，采取积极行动和应对措施，消除或减弱对经济社会发展起制约和限制作用的因素，促进国土空间开发的有序化和国土资源利用的集约化，改善生态环境质量。对国土整治内涵的进一步认识，可以从以下几个方面来理解。

一是国土整治表现为一个持续的动态发展过程。国土整治的主要目的就是不断地满足经济社会发展对国土及其组成要素（空间、资源、环境等各种要素）的需求，为人类生存和发展提供优良的生产生活环境。经济社会发展和人类社会进步会不断对国土管理提出新的要求，同时也为国土整治提供新的技术与措施，而国土整治又促进经济社会的进一步发展，二者相互联系，不断发展。纵观各国国土整治的历史，国土整治的目的、任务及内容，都随着经济社会的发展而不断变化。不同经济社会发展阶段，需要有不同意义上的国土整治，应根据发展的需要及时调整。例如，当前我国国土综合整治的重点应从侧重服务于经济增长向服务于生态文明建设转变。

二是国土整治表现为开发、利用、整治、保护的相互结合。国土整治，无论是国土生产能力的提高，还是生活环境的改善，都必须以国土的永续利用为基础。而国土的永续利用，要有良好的国土生态环境作前提。只注重开发，而忽视整治和保护，往往会导致生态环境的破坏，甚至丧失国土永续利用的基本特征，也就不可能真正体现国土整治的意义。因此，国土整治必须把开发、利用、整治与保护有机地结合在一起。

三是国土整治的内在表现是不断提高国土的资源环境综合承载能力。随着经济社会的发展，对资源环境需求的数量、质量会不断提升。国土整治的目的是不断提高资源的综合利用效率和可持续供给能力，不断优化国土空间开发格局，不断提升生态环境质量，从整体上提升区域的资源环境综合承载能力，更好地服务于经济社会的可持续发展。

四是国土整治追求的是生态效益、经济效益、社会效益的统一。国土开发利用系统是典型的“人口-资源-环境-经济-社会”复合系统，是人与自然环境相互作用的集中体现。国土整治应追求生态、社会、经济效益的统一，实现生态平衡、经济发展、社会和谐。

五是国土整治具有广阔的外延。从广义上看，国土整治包括有关生产环境改善和生态景观建设的一切措施和手段。只要是消除国土利用现状中对社会经济发展的制约和限制因素，有助于国土利用效益和生态环境进一步提升的工作，都可以认为是国土整治的范畴。但是针对具体工作，必须界定国土整治的范畴，不能无限制地外延。

三、国土综合整治的概念内涵

20 世纪 80 年代初，我国开始开展国土整治工作时，就认识到分散的、单项的国土整治的弊端，以及国土整治工作存在几个方面的问题：一是多是单一地、分散地、局部地进行，缺乏统一的规划和管理；二是基本上是各地区、各部门各行其是，缺乏从全局出发，从战略上考虑问题的意识；三是资源状况不清，开发利用国土资源的盲目性很大。如果不从整体和长远出发，不用科学方法整治国土，势必造成资源的严重浪费、生态平衡的破坏，遭到自然的惩罚。在开展国土整治中需要有全局观念、生态观念作为指导（王锦华，1982；阳含熙，1982）。

20 世纪 90 年代中后期，由于全局性的国土规划[①]未能发布实施，一些部门性质的规划开始兴起。各部门按照部门职责开展了各类国土整治工作，但并没有将国土当作一个完整的生态系统，实现从全局出发推进国土整治工作，

① 20 世纪 80 年代，原国家计委组织了全国及地方的综合性国土规划编制工作，但多数规划没有得到批复实施。

进而出现了一系列的问题。近年来，人们逐步认识到国土综合整治的重要性，一些学者和政府官员重新呼吁要重视国土综合整治工作（贾文涛，2013）。

结合国土综合整治的历史和现状可以看出，国土综合整治主要是指针对某一地域以国土空间开发利用为核心，统筹考虑矿产、生物、水、地质环境等多个国土要素及其开发利用中的多种问题和矛盾，综合运用经济、行政、法律等多种手段和政策措施，实施改造修复、治理保护、优化提升等重大工程，改善国土质量、提高资源利用效率、优化国土空间布局，从整体上提高区域的国土综合承载能力和可持续发展能力。国土综合整治工作是支撑国家粮食安全和生态安全、保障可持续发展、促进城乡统筹和区域协调发展的重要抓手和基础平台。相对于单一的、专项的国土整治，国土综合整治工作更加强调国土整治的理论基础以及整治目标、整治手段、整治主客体、整治措施、整治效果等的综合性和系统性，可以看作是国土整治的高级阶段，也是国土整治发展的必然趋势。相对于土地整治等特定要素的整治，国土综合整治更加侧重以整个区域为对象，是基于立体空间的综合整治，包括国土空间的优化布局、国土资源的高效利用和国土生态环境的改良提升。

2015 年，《中共中央 国务院关于加快推进生态文明建设的意见》中明确提出“编制实施全国国土规划纲要，加快推进国土综合整治”。国土综合整治作为推进生态文明建设的重要举措，需要在总结国内外经验的基础上，进行全国国土综合整治规划，明确国土综合整治的重点区域和方向，并探索完善国土综合整治长效机制，构建有利于推进工作开展的政策机制平台，发挥国土综合整治聚合资金，综合提升国土质量的作用，促进美丽中国建设。

2017 年 1 月，国务院印发的《全国国土规划纲要（2016—2030 年）》确立了国土集聚开发、分类保护与综合整治“三位一体”总体格局，对国土综合整治工作进行了部署，提出推进形成“四区一带”国土综合整治格局，构建政府主导、社会协同、公众参与的工作机制，加大投入力度，完善多元化投入机制，实施综合整治重大工程，修复国土功能，增强国土开发利用与资源环境承载能力之间的匹配程度，提高国土开发利用的效率和质量。

国土综合整治作为践行生态文明理念，促进绿色发展，建设美丽国土的重要抓手，需要进一步加强研究，不断完善理论基础、技术方法和政策法规，形成规范化、制度化的长效机制。

第二章

国外国土综合整治经验与启示

第一节　国外国土综合整治的发展历程

国土整治作为一项重要任务被提上议事日程是由各个国家的经济社会发展阶段所决定的，不同的国家开展国土整治的时间各不相同。现代意义上的国土整治，于20世纪二三十年代出现在欧洲，德国、法国、荷兰和苏联等国家先后开始开展国土整治工作。第二次世界大战之后，随着工业化、城市化、信息化和全球化进程的加快，德国、英国、法国、美国、日本、韩国等主要发达国家均或多或少地出现诸如自然资源短缺、生态破坏、环境污染、区域差距拉大、“城市病”突出、乡村衰落等问题。为此，这些国家针对本国实际情况，开展了各具特色的国土整治工作，在促进经济社会发展、缩小地区发展差距、合理利用资源、改善生态环境等方面起到了积极作用。

一、德国

（一）德国国土（综合）整治历史

德国是世界上最早进行国土整治和编制实施国土整治规划的国家之一，已有100多年的历史。德国鲁尔工业区是德国乃至世界区域整治和产业转型最为成功的案例区之一。从19世纪中叶起德国工业发展迅速，进行了大规模的铁路、公路、内河航运及运河建设，促进了城市和区域的发展。为了协调解决企业家在选择工业区位、交通线路、港口区位中的矛盾，合理安排居民点体系，协调城市及区域性公用基础设施建设，划分和保护城市绿地、自然保护区、休憩区、业余活动区，需要在更大范围内编制区域性国土规划。于是，20世纪初，首先在首都柏林和鲁尔工业区出现了区域性国土规划。从1890年起，柏林的城市规划开始越过城市原来的界限对郊区进行统一规划与协调，发展成为柏林区域规划。在鲁尔工业区，随着工业的发展，不仅要求有专业性的规划，而且要求编制出区域的总体规划。为了适应这种要求，德国联邦议会通过法律形式于1920年5月5日正式成立“鲁尔煤矿居民点协会”，也就是鲁尔煤管区开发协会，1923年该协会编制了鲁尔区“区域居民点总体规划”，即区域总体规划。

随着经济的发展，从20世纪30年代起德国更加重视国土整治和国土规划工作。1935年德国成立了“帝国居住和区域规划工作部”，负责全国国土整治规划和交通建设等工作，将全国分为若干个规划区，委任首席行政长官负责规划的编制。各州也相继成立了“区域规划管理局”以编制州范围内的区域整治规划。在此期间，德国学者豪斯·凯尔编写了《国土中央计划与空间秩序》一书，推动了国土规划理论的发展。

1950年联邦德国议院通过了《联邦德国国土规划法》。1965年4月通过了《德意志联邦共和国国土整治法》（BROG）。该法规定了国土整治的任务、目的及原则，提出“联邦领土在空间结构上应得到普遍的发展”；要编制州一级的国土整治规划；在主管国土整治的联邦部门中成立顾问委员会，州主管国土整治的部门应向联邦主管国土整治的部门的部长汇报该州有关国土规划的情况和意见，联邦政府和州有义务互相提供实施国土规划或区域规划的必需信息，联邦政府每两年向联邦议院提交一份联邦范围内空间发展规划的基本情况（现状和发展趋势）的报告。20 世纪 70 年代，联邦德国各州都颁布了州国土规划法，据此各州和许多工业集聚区都编制和完善了国土整治规划、区域规划或发展规划。

1990 年联邦德国和民主德国宣布统一之前，联邦德国已形成市（县）、管理区、州和联邦四级为主组成的完整的规划体系和制度。统一之后，德国的国土规划由国家的国土整治政策方针、州规划、专区规划、市（县）规划四个层次组成。《联邦国土整治规划法》对国土整治的理念、原则、程序等做了规定。国家的国土整治政策方针的主要内容是：确定国土整治的目标和原则，包括各地区经济发展、人口流动、土地利用结构、环境保护和基础设施的最低标准等。州规划在国家的方针指导之下，根据州的具体情况，确定土地利用方向和类型，提出重点经济发展区域，确定各地区的发展轴和中心城市，提出基础设施等部门规划（公路、公立学校、景观保护、能源管理等）。专区规划在州规划指导下，预测区域内人口和就业岗位的发展变化，确定土地利用结构和类型，对水源保护区、居住区、工农业和交通建设用地等都做出明确的安排；市（县）规划是规划的最低层次，由土地利用规划（F-Plan）和建筑约束规划（B-Plan）两个规划构成。市（县）规划是强制性规划，一切建设都要按规划进行，不得违反。

（二）德国国土（综合）整治现状

当前，德国的国土整治注重整治内容、目标、手段等的综合。例如，土地整治由单纯的增加土地面积、改善土地质量上升为注重生态环境改善、城乡面貌更新、自然景观维护等，已经上升为国土综合整治。以农村地区的国土综合整治为例，通过土地条块整理、村庄改造建设、生态景观规划、基础设施建设等多种措施，在实施土地整治的同时，全面改善农村的生产生活条件和周边环境。其目标已不再是单纯地促进农业生产、保证国民粮食安全，而是更加注重农业集约经营、生态环境保护、水资源保护、乡村振兴、城乡一体化发展等。其中，巴伐利亚州是德国国土综合整治的典型区域。

巴伐利亚州总面积 70 549 平方千米（居德国第一位），2015 年全州总人口约 1250 万人（居德国第二位），其中半数居住在乡村地区。巴伐利亚州 20 世纪 80 年代以来开展的国土综合整治工作对于改善农村地区生产、生活条件，保留城市化地区乡村面貌具有重要作用，对我国当前的国土综合整治工作具有重要的借鉴意义。

巴伐利亚州首先通过土地整理推进农业现代化。根据配第-克拉克定理，随着经济的发展和年人均 GDP 的提高，第一产业增加值和劳动力从业人数的比重将逐渐下降。巴伐利亚州和欧美其他许多地区一样，随着经济社会的发展，农村地区的从业者难以依靠单纯的农业收入维持生计。巴伐利亚州政府实施多项措施，促进农业发展，推动乡村振兴。巴伐利亚州政府在制定村镇整体发展规划基础上，推行农村土地整理，提高土地的利用率。该州通过政府财政补助等形式，将村庄分散的小块土地进行合并，以便于使用大型农业机械进行耕作；通过土地置换，将优等的土地用于农业，劣质的土地用于建设基础设施和工厂企业；通过土地整理，建设田间道路、排灌设施，使农村用地更加符合农业发展的要求；调整农村产业结构，积极推广机械化作业，组建合作社，提高农业生产的集约化、规模化和现代化水平。

其次，加强基础设施建设，保障农村就业。当地政府通过兴建和完善农村基础设施，制定激励性政策，鼓励企业到乡村地区兴业办厂，积极发展第二产业和第三产业等非农产业。政府通过财政转移政策，投入大量人力、物力和财力在农村地区建设交通运输和能源等基础设施。在政府的积极推动下，宝马、西门子、奥迪等全球知名的大企业相继从 20 世纪 60 年代开始在乡村地区建设生产基地、工业企业及配套设施。这些生产企业的建设，可以使农民“离土不离乡”，就地就业，有效地遏制了农村人口的外流，推动了乡村地区的经济发展。如今巴伐利亚州的产业结构发生了根本性改变，种植业增加值占地区 GDP 的比重下降到 1%以下。2003 年巴伐利亚州 GDP 达 3709 亿欧元，已超过欧盟成员国中的 19 个国家。巴伐利亚州年人均 GDP 为 29 917 欧元，远高于德国和欧盟的平均水平。近年来，德国经济不景气，但巴伐利亚州的经济增长率持续高于德国平均水平，失业率也明显低于德国其他各州。

（三）德国国土（综合）整治的主要经验

德国国土整治历史悠久，已经形成政策扶持、法律保障、规划管控、自主申请、多方参与的稳定发展模式，对我国推进国土综合整治工作具有重要启示。通过梳理德国国土整治的发展，可以看出其有以下几个特点。

一是国土整治的目标不断更新。例如，农村地区的土地整治由为确保粮食生产而进行的土地整理和农田水利建设，逐步演化为注重改善农业生产条件、改善居住条件、保护环境和自然景观、实施乡村振兴等多重目标。

二是注重法制建设。在德国有空间规划法、土地整理法和建筑法等与国土整治密切相关的法律。这些法律都随着经济社会的发展及时修订，以保证法律的实用性和有效性。

三是注重规划管控。将国土整治作为实施空间规划的重要措施，空间规划之下一般会编制控制性详细规划和更具体的建设规划，通过具体的规划落实国土整治工作。

四是注重多方参与。以土地整理项目为例，土地所有者是土地整理项目实施的主体，并承担一定的费用。土地整理项目的规划方案要充分征求全部土地所有者和利益相关方的意见，达成一致后才能组织实施。在整个项目的建设实施过程中，土地整理局扮演的更多是指导者和服务者的角色。这种土地整理管理机制充分调动了有关各方的积极性，也很好地保证了项目建设实施的质量。

五是加强基础资料管理。德国注重地籍管理，全国每一宗土地的土地类型、土地利用类型、质量状况、地上建筑物状况、权属状况、抵押情况和空间属性等在地籍簿上都有详细记录。地籍簿由财政部和法院共同管理，体现了土地的财产属性和法律保护私有财产的意志。地籍簿上通用的信息向社会公开，公众可随时免费查询，涉及单位和个人隐私的信息需申请批准后才能查阅。地籍簿一般定期更新。德国每年对全国的土地进行一次航拍，航拍信息录入地籍簿，作为全社会开展土地利用活动的依据和基础。这些翔实的基础资料，为德国开展国土整治工作提供了基础。

二、日本

（一）日本国土（综合）整治历史

日本学者中村刚治郎等在《战后日本的国土整治的经验教训和第四次全国综合发展计划》一文中指出，1950 年《国土综合开发法》的问世，标志着日本国土整治的正式展开。据该法第二条，国土整治（日本称国土计划）就是国家和地方团体实施政策的综合而基本的规划，其内容包括：资源的开发利用，自然灾害防治，城乡规模的确定和布局，产业的合理布局，电力、运输、通信等公用设施的规模确定和布局，以及文化、卫生和旅游资源的保护；此外还包括防治公害、保护环境等内容。可以说，国土整治是政府和团体对国土进行综合管理和改造的规划及其实施工作。国土规划可分为全国规划、地方规划和都道府县规划等（中村刚治郎等，1989）。从中村刚治郎等关于国土整治的论述看，这里的国土整治是比较宽泛的概念，国土规划是国土整治工作的一个环节，两者联系紧密。虽然此后日本对《国土综合开发法》进行了多次修订，但国土整治始终是日本国土工作主管部门国土交通省的一项重要工作。

日本是开展国土规划较早的国家。早在 20 世纪 30 年代末 40 年代初，日本为适应国家经济政策的需要，从德国引入国土规划理论，成立了国土局、国土规划研究所，发行了有关国土规划的杂志。当时，日本人中岛清将德国学者豪斯·凯尔的专著《国土中央计划与空间秩序》翻译成日文，书名为“国土中央计划与国土规划”[①]。

1950 年 5 月，日本政府颁发了《国土综合开发法》，要求从日本的具体条件出发，综合地开发、利用、保护国土，合理调整工业布局，促进经济发展，提高社会福利。《国土综合开发法》第二条规定：国土综合开发规划应包括全国综合开发规划、都道府县综合开发规划、地方综合开发规划、特定地域综合开发规划四种类型。其中，全国综合开发规划是制定其他规划的基础。日本由于当时政府的财力不足，所以首先决定实施特定地域综合开发规划，由总理大臣指定地位重要、亟待开发整治的地区为特定地域，主要集中在本州、四国和九州。特定地域综合开发规划的目的在于通过国土开发整治，增加粮食生产，解决饥荒问题。特定地域综合开发规划在 10 年内基本完成，对于促进经济的恢复与发展起了重要作用。

20 世纪 50 年代后期，日本经济进入高速增长阶段，但也出现了人口过密与过疏、地区收入差距扩大等问题。1960 年日本内阁会议在通过“国民收入倍增计划”的同时，提出了“太平洋沿岸地带构想”，拟将 70%的资金投向这一地带，引发了未被列为开发地区民众的不满和批评，于是 1962 年日本政府制定了“第一次全国国土综合开发规划”（简称“全国综合开发规划”或“一全综”），将全国划分为过密、整治和开发三类地区，采取“据点开发”方式，谋求地区间的均衡发展，期限为 10 年。

20 世纪 60 年代后期，由于经济增长速度远远超过规划目标，原规划已失去指导意义；大城市的交通、住房、能源、供水问题日益加剧；缩小地区收入差距的要求更高、更迫切。这样在 1969 年日本政府又制定了“新全国综合开发规划”，也称为“第二次全国国土综合开发规划”，简称“二全综”，规

① 据查证，“国土规划”一词即来源于此。

划的基本目标是提高社会福利，为人们创造舒适的环境，更要解决“过密”“过疏”问题，期限为20年。

20世纪70年代以后，日本经济由高速发展进入稳定发展时期，工业结构由重工业型向技术密集型的高加工度工业化转变，人们对生活质量也更加重视。日本政府反思了过去只重视生产而忽视把整个国土作为生态、生产、生活的综合环境加以统一开发、利用、整治的做法，于1974年6月制定了《国土利用规划法》。该法规定：对国土的利用要优先考虑公共福利，谋求保护自然环境和健康而文明的生活环境及国土的均衡发展。在这一基本思想的指导下，1977年日本政府制定了“第三次全国国土综合开发规划”（简称“三全综”）。规划强调人的优先，重视人的生活，核心是抑制人口和产业向大都市集中，解决不同地区人口“过疏”或“过密”问题，振兴地方经济，建立新的“生活圈”，期限为10年。

20世纪80年代，日本的经济、社会发生了许多变化。经济增长缓慢，需要进行经济结构调整，需要对人口老龄化、城市化进程、技术进步和信息化的发展采取一系列措施，于是在1987年日本政府制定了面向21世纪的国土规划“第四次全国国土综合开发规划”——（简称“四全综”），以2000年为目标年度。规划在全国建设许多具有特定功能的“极”，将全国划分为10个地区，通过“交流网络构想”等措施，形成多极分散型国土。日本这四次全国综合开发规划都是针对改变人口、产业及其他经济活动过度集中于大都市的不合理的空间格局，力图将国土开发扩展至全国，从而达到各地均衡发展的目的。同时，协调人与自然的关系，为人们创造更好的生活环境等目标在综合开发规划中的地位也越来越重要。

20世纪90年代后，随着全球化、信息化、人口减少与老龄化、全球环境问题、地方分权化等新的形势变化，日本开始对已有的国土规划体系进行反思，包括：规划内容过于宽泛，重点不突出，难以起到指导方针的作用；规划体系繁杂，部分规划不能很好地发挥作用等。于是，日本在“第五次全国国土综合开发规划”（简称“五全综”）（1998年）中提出要对国土规划体系进行彻底改革，将国土规划的基本目标定位为：①促进各地区各具特色的自助自律（自立）发展；②将安全、秀美的国土移交（继承）给下一代；③形成有益于全球可持续发展的国土。为此，“五全综”提出创造和建设多样化自然环境的居住地区、对大城市地区的再开发、推动区域间协助轴和合作地带的形成，以及形成广域国际交流圈等四项战略措施。“五全综”除考虑人口和产业以外，还注重文化遗产保护、文化创新、宜居环境等，注重塑造空间多样性的国土。

进入21世纪以后，为适应新的经济社会发展形势，日本政府将《国土综合开发法》修改为《国土形成规划法》，规定了国土规划的五大领域：一是关于土地、水和其他自然资源的利用；二是关于水灾、风灾以及其他灾害的防治；三是关于调整城市和农村的规模以及布局；四是关于产业的合理布局；五是关于电力、运输、通信和其他重要公共基础设施的规模和配置，以及文化、福利、观光资源的保护等设施的规模及配置。日本国土交通省国土规划局根据2005年的《国土形成规划法》，制定了日本最新的国土形成规划——《国土可持续发展规划》（即“六全综”），该规划于2008年7月正式经国会审议通过。“六全综”将规划的主题确定为促进持续发展的国土形成规划，提出的五个战略目标为：世界发展中无缝亚洲的形成；可持续发展地区的形成；形成抗灾能力强、能灵活应对灾害的国土；美丽国土的管理与继承；以“新公众”为支柱的地区构建。最终建立“美丽安全”的国土，促进可持续发展成为新的目标。

总体来看，“一全综”和“二全综”以产业发展，特别是农业发展为主，“三全综”和“四全综”以宜居生活为主，“五全综”和“六全综”以经济社会与资源环境的可持续发展为主。

除全国国土综合开发规划外，还有其他层级的国土规划，如为促进北海道地区发展，从1952年至今共实施了8次综合开发规划①。实际上，现行的

① 2016年3月，北海道实施第8次综合开发规划，规划期为2016～2025年。

日本国土规划体系是由国土综合开发规划和国土利用规划两个体系组成的。国土综合开发规划体系包括国家制定的全国综合开发规划和大区规划（大都市圈整备规划和地方开发促进规划），都道府县政府制定的都道府县综合发展规划。国土利用规划体系包括国家制定的全国国土利用规划，都道府县政府视需要制定的都道府县政府国土利用规划和必须制定的都道府县政府土地利用基本规划，市町村级政府视需要制定的国土利用规划。

（二）日本国土（综合）整治现状

日本“六全综”致力于实现广域地区自立性发展，形成环境美丽和生活便利的国土，确定了五个战略性的发展目标。为了实现这些目标，日本将通过多样化的公共主体之间的交流协作，有效推进规划的实施。由日本“六全综”中相关内容可以看出，日本国土整治涵盖了防灾体系建设、生态环境保护、美丽国土形成等内容。实质上，梳理日本国土整治的发展历程可以看出，当前的日本国土整治已经由单项的土地整治迈向了国土综合整治。

日本国土整治按照整治的对象区域分为农业农村地区整治和城市地区整治两部分。农业农村地区整治包括农业基础设施整治和农村整治，主要内容为：完善灌溉排水设施、旱地平整、新农地开发、中山间（两山之间）综合整理、土地综合整治、完善农村各种公共设施、农业用水废水处理、农村地域环境整治、农村道路整理，以及实施包括农用地自然灾害防治、灾后及其他损毁土地的复垦整治、土地改良设施维护管理等在内的农用地管护（张宁宁，1999）。城市地区整治是在土地区划法的指导下开展的，主要分为：一是城市地区的恢复和重建，主要是对遭受战争或者重大自然灾害后的城市土地进行整理和重新规划建设；二是城郊与城乡接合部土地整治。城市地区整治主要是整合分散利用地块，建设和完善基础设施，合理开发利用土地，提高土地利用的经济价值，防止城市的无序蔓延（袁中友等，2012）。

日本的国土整治工作涉及范围广、投入的资金量大、开展时间长，是一个综合性、全方位、长周期的系统工程。第二次世界大战之后，日本政府把国土整治作为实现农业、农村发展的重要手段，并依据《土地改良法》制定了长期的国土综合开发规划、土地整治规划等。国土综合开发和土地整治工作的规划目标及主要内容随着日本国情，特别是农业农村发展情况的变化不断调整完善，大致可以分为四个阶段。

第一阶段是20世纪50年代至60年代中期。第二次世界大战后，日本农业生产受到重创，居民生活所需粮食呈现紧张状态。为此，日本土地整治的主要目标是增加粮食生产，采取的主要措施包括开垦农田、兴建农田水利等农业生产基础设施，特别是在北海道等地实施了土地开发活动。通过一系列的措施，日本的粮食种植面积、单产和粮食总产量均有大幅度提高。到20世纪60年代中期，甚至出现了水稻生产过剩的状况。

第二阶段是20世纪60年代中期到70年代中期，这一时期改变了以往土地整治目标和内容相对单一的局面。在继续完善农业生产基础设施建设的同时，开展土地平整、水田改旱田（针对水稻生产过剩）等工程。这一时期土地整治的主要目标是解决农田破碎化问题、调整粮食种植和农业生产结构、扩大农户生产经营规模。约十年的土地整治工作，取得了良好的效果，农业生产条件改善，促进了农业生产的规模化、机械化。

第三阶段是20世纪70年代中期到80年代末。这一时期，日本的工业化和城市化加速发展，农村地区的劳动力迅速向城市地区转移。农村地区出现耕地撂荒、人口减少、乡村收缩等问题。为此，这一时期的国土整治主要是综合建设和进一步完善农村的生产生活设施、整治村庄环境。另外，进一步通过土地整理等手段实施土地权属和地块调整，支持发展适度规模经营，支持农村产业发展。通过各种手段促进农村地区发展，缩小城乡发展差距。

第四阶段是20世纪90年代以后（含90年代）。这一时期，日本基本完成城市化和工业化，农村劳动力向城市地区转移的过程趋于缓和，日本经济社会进入低速增长时期。此时，日本城乡的生产生活环境有了较大的改善，面临的主要问题是人口减少与老龄化、跨国的区域竞争、人与自然的和谐发展等。日本由问题导向的土地整治逐步升华为目标导向的国土综合整治。使国土形态与21世纪的时代潮流相适应，形成可持续发展的日本，实现高效的经济社会活动、丰裕安全的生活、优美舒适的环境以及能自豪于世界的国土被定为日本国土综合整治的目标（林家彬，2004）。

（三）日本国土（综合）整治的主要经验

日本以较小的用地代价，取得了令人瞩目的经济发展成果。面对新形势、新挑战，日本不断调整国土规划的主题和国土综合整治的主要任务，逐步由土地整治完善为国土综合整治。其发展历程和主要成效经验对我国开展国土综合整治工作具有重要的借鉴意义。

一是形成了完善的法律法规体系，依法依规开展国土整治。日本政府非常注重有关法律法规建设，日本颁布的国土规划和国土整治相关法律法规共有130部之多，包括《农地法》《农业振兴地域法》《土地改良法》《农业经营基础强化促进法》《水利资源开发促进法》《森林开发公团法》等。由这些法律法规构成的制度体系有力地保障了日本国土规划和国土综合整治工作的开展。同时，日本政府根据形势变化的需要，会对这些法律法规进行适时修改。比如，为适应经济社会发展的需要，2005年日本政府将《国土综合开发法》修改为《国土形成规划法》；《土地改良法》也是不断修改完善了十余次。

二是重视通过地块调整解决农地细碎化问题，促进农地规模经营。日本顺应农业现代化、规模化经营的需要，注重农用地的地块、权属的调整和流转，促进规模化经营。日本通过解决农用地的细碎化、分散化的问题，实现了机械化、规模化、专业化和集约化经营，提高了农业生产效率。日本鼓励农地流转，但是并非运用行政手段进行强制性干预，只是出台相关经济激励政策。此外，日本还实施专业农民认证制度，鼓励农民的职业化发展，提高农业生产技术水平和农业生产效率。

三是国土整治工作程序完备，公众参与度高。以农村土地整治为例，土地整治过程是土地权属和利益重组、重构的过程。这些关系的处理直接决定土地整治的成败。因此，日本在实施土地整治过程中制定了周密的工作程序，充分保障农户的知情权、参与权。在土地整治项目立项前，由土地整治项目所在区域中各村的村民代表和指导人员组成的委员会对土地整治的规划方案、土地权属和地块调整方案等进行讨论和表决，经委员会 2/3 以上的成员同意后，土地整治工程才能正式实施（袁中友等，2012）。个人申请参加土地整治工作的，在获得同一地区 2/3 以上相关参与人员同意后，才能获得参加土地整治的资格。日本的土地整治既是政府行为，也是公众的自觉行为，因此在实施过程中能够得到公众的支持，并顺利开展。

四是重视生态环境的保护和重建。国土整治是对土地资源及其利用方式的再组织和再优化过程，是一项复杂的系统工程，其整理过程改变了地表生态系统，必然对生态环境造成影响。日本开展的生态型土地整治，不仅注重增加有效耕地面积，而且注重通过土地整治防治水土流失、土地荒漠化、土地盐碱化、土地污染、土地贫瘠化、土地损毁等。在区域土地整理规划编制过程中，既重视路、沟、渠工程布局，又重视田、村布局；注重整治区水土重构技术、防护工程与景观生态再造技术、土地整理高效施工技术和生物-理化联合改良工程技术，重视农田防护、水土保持与景观空间单元组合等景观生态效应的发挥，通过土地整治有力地促进了日本生态高效农业的发展。

五是重视国土整治综合效应，推进农村地区的城镇化进程。日本实施的村庄整治是以区域为整体的综合整治，主要目标是化解长期的城市化进程积累的城市郊区化、农村地区城镇化和农业现代化发展之间的用地矛盾。在此前日本经济高速增长时期，城乡建设及各行各业之间用地矛盾突出。为此，日本实施村庄合并，为城市化、工业化发展提供建设用地。日本政府先后于 1947 年颁布了《地方自治法》、1953 年颁布了《町村合并促进法》、1965 年颁布了《市町村合并特别法》等法律法规，促进了市町村等基层行政单元数量的减少，市町村总量由 1945 年的 10 536 个下降到 2000 年的 3230 个。其中，町村数量由 1945 年的 10 330 个下降到 2000 年的 2158 个，到 2016 年日本町村数量已经下降到 927 个。[①]随着城市扩张，一些城市郊区的村庄演化成城市的一部分，一些村庄完成了就地城镇化。被保留的村庄，多数通过土地整治，具有较好的生产、生活和生态条件，避免了乡村衰落（郧文聚，2011；袁中友等，2012）。

三、美国

（一）美国国土（综合）整治历史

美国的国土整治工作始于 20 世纪 30 年代。当时美国和整个资本主义世界都卷入了历史上最大的一次经济危机，一些落后地区需要开发和治理。1933 年在总统富兰克林·罗斯福的号召下，美国联邦政府成立了田纳西河流域管理局（TVA）来统筹、管理该河流域的开发与治理工作。1936 年 TVA 编制了《田纳西河流域开发治理规划》。该规划由联邦政府提供财政援助，以解决发电、防洪与航行三大问题为出发点，对田纳西河流域进行综合开发和治理（杨郁华，1983）。其后，规划几经修订，但规划的实施从未间断过。田纳西河流域通过该规划的实施实现了保护自然环境、防治水土流失、提高农业生产率、发展原子能和化学工业、开发新城镇等多项目标，取得了良好的效果，成为世界公认的流域开发治理的典型（李仲贤，1986）。

田纳西河流域的综合开发与整治开启了美国区域性国土综合整治工作。这些工作主要是以某项资源的开发利用带动相关资源的开发和关联产业的发展。当时属于这类整治的还有哥伦比亚河流域整治等。这些工作对世界范围内的流域综合整治工作产生了深远的影响。我国在抗日战争胜利后国民政府曾借鉴该模式，开展扬子江流域综合整治工作。当前，我国开展的长江、黄河等七大流域综合整治规划编制工作也受其影响。

---

① 详见 http://www.zck.or.jp/letter/backnumber/H30_p1.html。

20 世纪 60 年代，随着经济社会的发展，一些地区由于结构失调、部分工业衰退、失业愈益严重而成为经济困难区。各地区之间经济发展不平衡日益加剧，环境污染越来越严重，失业人口的流动也比较突出。这些问题已经不是某个部门所能解决的了，客观上需要有综合的区域规划来协调各部门、各地区的关系。美国政府认为，只有把困难地区作为一个整体区域，从改变地区产业结构着手，进行全面的开发规划，才有可能逐渐摆脱长期经济萧条局面，走上自我发展的道路。事实上，一旦各区域经济发展水平出现较大的差距，在市场经济规律作用下，会出现“马太效应”，区域差距将可能与日俱增，需要政府进行适当的干预。为此，美国国会于 1961 年通过了《地区再开发法》（The Area Redevelopment Act）、1962 年通过了《人力开发与培训法》（Manpower Development and Training Act）、1965 年通过了《公共工程与经济开发法》（Public Work and Economic Development Act）和《阿巴拉契亚区域开发法》（Appalachian Regional Development Act），并根据上述法案成立了经济开发署，以统一规划、管理经济萧条地区与落后地区的开发工作。美国联邦政府将全国划分成十大经济区，其中有发达地区也有贫困地区，以便进行区域规划。1965 年成立了阿巴拉契亚区域委员会。该区域地跨 13 个州、397 个县，虽然煤炭和森林资源都很丰富，但交通不便、文化落后、植被受到严重破坏，经济很不发达。委员会成立后，即着手编制这个地区的开发治理规划，各州也据此编制本州的开发治理规划。规划的实施，促进了阿巴拉契亚山区的发展（黄贤全和彭前胜，2006）。此外，美国还做了夏威夷州等区域开发整治规划。

（二）美国国土（综合）整治现状

美国既有如上述的田纳西河流域综合整治、阿巴拉契亚区域综合开发、切萨皮克湾综合整治（刘湘辉，1995）等综合性国土整治，又有土地整治、土地开发权转移、污染土地（棕地）修复等专项国土整治工作。

在美国，土地整理（land readjustment，LR）是一个广义的概念，有土地重划、土地重新调整之意，是针对一定区域范围内土地利用不合理、土地功能不齐全、基础设施不配套等情况，在地方政府的引导和土地利用分区规划的控制下，由区域内土地所有权人自愿、协商合作，秉着自愿、平等、共享的基本理念，对土地的产权进行调整置换，以达到该区域土地整体利用最佳，整体土地资产最大化的过程，类似我国现在的“土地整治”。美国的土地整理有如下几个特点：一是强调地方政府的引导和土地利用分区规划的控制；二是强调土地所有权人自愿协商合作；三是强调促进土地节约集约利用和整体土地资产最大化，增加耕地数量只是目标之一。

美国的土地开发权转移（transfer development rights，TDR）与我国的土地增减挂钩类似。实质上，通过分析土地增减挂钩的基本动因和做法，就是通过农村宅基地复垦获得额外的城市建设用地指标，这样的过程也可以理解为将在农村建房的权利让渡到了城市，这从本质上讲是土地开发权的转移（周君，2015）。土地开发权转移概念最早起源于美国，是一种创新性的土地开发控制手段，最早在纽约等大城市进行尝试，后在其他地区得到推广。

棕地治理也是美国的一项较为成熟的国土整治做法。“棕地”一词于 20 世纪 90 年代初期开始出现在美国联邦政府的官方用语中，用来指那些存在一定程度污染已经废弃或因污染而没有得到充分利用的土地及地上建筑物。美国国家环境保护局（USEPA）对棕地有一个比较明确的定义：棕地是指废弃的、闲置的或没有得到充分利用的工业或商业用地及设施，这类土地的再开发和利用过程往往因存在着客观上的或意想中的环境污染，而比其他开发过程更为复杂。按照法律规定，这类土地的开发受环境保护部门的制约，开发活动必须按照程序得到环境保护部门的许可才能进行，包括对污染进行必要的治理，并达到规定的标准。从土地利用现状上看，棕地既可以是废弃闲置的，也可以是仍在利用中的，如仍在惨淡经营中的老工业区；从用地功能上看，它以前既可以是工业用地，也可以是其他用地，但属于工业用地的居多。美国国会于 1980 年通过了《环境应对、赔偿和责任综合法》，批准设立污染场地管理与修复基金，即超级基金，该法案也因此被称为超级基金法。

超级基金法授权美国国家环境保护局对全国污染场地进行管理，并责令责任者对污染特别严重的场地进行修复；对找不到责任者或责任者没有修复能力的，由超级基金来支付污染场地修复费用；对尚未找到责任者的场地，可由超级基金先支付污染场地修复费用，再由国家环境保护局向责任者追讨。基金资金来源于国内生产石油和进口石油产品税、化学品原料税、环境税、常规拨款、向污染责任者追讨的修复和管理费用、罚款、利息及其他投资收入。为保障超级基金制度的实施，美国政府于1986年通过了《超级基金修正与再授权法》，进一步完善了相关规定。超级基金法在美国实施30余年，历经不断调整和修正，总花费超过650亿美元，取得了积极的成效。据统计，超级基金法实施到2008年，共清理有害土壤、废物和沉积物1亿多立方米；清理垃圾渗滤液、地下水、地表水约12.9亿立方米，纳入治理范围内的地下水污染场地达到997块，为数百万人提供了洁净的饮用水源。并且，通过棕地开发创造的就业岗位超过了16万个。更重要的是，超级基金法还因严厉的连带环境责任制度，催生了一系列相关的环境管理政策，如“绿色信贷政策”“环境责任保险政策”等。这些政策对美国的环保企业生产和发展产生了深远影响。

（三）美国国土（综合）整治的主要经验

一是重视法律法规和制度保障。例如，美国超级基金法在棕地治理中发挥了重要作用。

二是注重构建长效机制。美国综合性国土整治和专项整治都非“运动式”，而是依靠法律制度、固定机构等建立了长效机制。

三是明确相关利益主体的定位。例如，在土地开发权转移中，政府是公共服务的提供者、负面效应的调控者以及规则的制定者。土地开发权作为土地产权的一种表现形式，并非可以无限地扩张，超过一定范围必然会对公众利益构成威胁。因此，政府必须介入，通过规则的制定来有效地实现公共利益的平衡。对土地开发权进行管控的分区管制条例就是政府管理的手段。土地开发权的转移同样需要由政府来制定严格的规则以保证各方利益集团可以从交易中获益。需要注意的是，土地开发权转移本质上是一种基于市场机制的交易行为，政府是服务者，而非参与者。

四是与区域发展的阶段相适应。例如，土地开发权转移并非适用于全部区域。全美使用土地开发权转移最多的地区是东北部城市集中区、佛罗里达州和加利福尼亚州沿海城市带，这些地区是美国经济发展和城市化水平较高的大城市密集区。只有这些地区才有足够大的开发需求和足够强的经济动机来促成土地开发权转移交易，从而实现经济活动进一步集聚，并获得更高的效率和产出。

五是发挥市场作用，构建合理的利益分配机制。例如，在土地开发权转移过程中的交易主体就是土地开发权所有者——开发商和农民。同样，土地开发权转移买卖价格的商议和收益分配也直接由开发商和农民双方决定。政府作为第三方进行监督，但不参与交易本身、不参与收益的分配，亦不参与土地的经营，从而最大限度地保证土地资源通过市场机制得到优化配置。

四、其他国家和地区

（一）苏联

苏联从20世纪20年代开始进行生产力布局规划工作。十月革命胜利后，为了恢复和发展经济、合理布局生产力，1920～1921年列宁领导制定了《全俄电气化规划》，主要内容有两部分：一是10～15年内国民经济部门发展和电气化的组合规划，包括水资源、矿物燃料的开发，以及水电站的建设布局、重要交通干线布局、工农业专业化的地区布局规划等；二是将全俄划分为八个经济区，并按此作生产力布局规划。可以说，《全俄电气化规划》是苏联第一个生产力布局规划。此后，逐步形成了包括经济区划、生产力布局和区域规划三个方面的苏联生产力布局规划体系。苏联依据相关规划实施了自然资源开发、土地改造等国土整治活动，取得了良好的效果。

（二）法国

法国国土整治始于20世纪50年代。1955年，法国政府颁布了有关国土整治的一系列重要法律文件，并据此制定了地区行动规划。根据国土整治的需要，法国政府将本土分为22个行政大区（经济区），筹建国土整治基金和研究政策措施，开始国土综合整治行动。

进入20世纪60年代后，为实现区域经济协调发展，法国政府先后确定了西部、西南部、中央高原和东北老工业区等经济发展比较落后的区域为优先整治地区。整治的方案主要有：整治全国主要交通干线和通信网络，整治滨海地区的5个方案，整治中央高原和山区的6个方案，整治城市的11个方案等。法国国土整治和区域发展政策的实施，对缩小地区之间的差距，加快落后地区的发展起了积极作用。这些整治方案实施以后法国西部地区的经济发展明显加快，某些较落后的农村地区和城市的经济活力明显增强。

到了20世纪80年代之后，法国国土整治的内容有了较大扩展，由过去缩小地区差距为主要目标，扩展到教育、就业、培训、环境保护和生活质量等诸多方面，成为内容较为全面的国土综合整治。

第二节　国外国土综合整治对我国的启示

国外特别是发达国家国土整治工作起步较早，积累了丰富的理论和实践经验。通过分析国外国土整治的经验，总结出国外国土整治的特点，对我国国土综合整治工作的开展具有重要启示。

一、国外国土整治的特点

（一）国土整治目标由以经济开发为主向全面可持续发展转变

早期的国土整治大都是从资源开发、土地改良等单纯追求经济效益的角度出发，较少考虑区域经济社会、资源产业、生态环境等各方面的全面发展。单纯追求经济目的的国土开发整治工作虽然取得了巨大成绩，农业及其他产业发展迅速，但容易造成环境污染、生态破坏以及地区发展差距拉大等许多新问题。因此，各国从 20 世纪 70 年代中期开始，逐步调整国土整治的目标。例如，日本在“五全综”重视安全美丽国土建设和可持续发展能力的塑造；法国从第七个规划（1976～1980 年）开始提出由发展产业转向改善生活条件，国土整治工作的重点要从发展经济转向改善居住环境和有利于人民生活。如今，全面可持续发展成为世界各国共同追求的目标。

（二）国土整治的内容从单一的国土开发向综合治理方向转变

最初的国土整治主要面向区域的特定问题，从单一的角度出发，进行单项的资源开发和生态环境治理，如在农用地上开展的土地改良、农田水利设施建设等土地整治工作。20 世纪 70 年代以后，各国重点综合治理，内容也包括了调查评价、综合治理等多个方面。例如，在产业发展上考虑第一产业、第二产业、第三产业以及新产业新业态的发展；在社会发展上考虑宜居生活环境构建、缩小区域发展差距，在生态环境方面注重污染防治、生态维护等。各国也陆续成立全国性的国土整治工作领导机构，统筹全局，进行多部门的综合开发和综合治理。

（三）国土整治的区域从发达地区转向欠发达地区

早期国土整治多利用具有区位与资源优势的发达地区，采取优惠政策，吸引各类企业，对其进行优先开发。但发达地区的迅速发展加大了发达地区与落后地区的差距，产业和人口的集聚，造成交通拥堵、人居环境恶化、资源大范围运输等许多新问题。20 世纪 70 年代以后，各国把国土整治的重点转向欠发达地区。经验表明，落后地区的发展，可更好地促进资源的合理利用，有利于缩小地区差别，有效地控制发达地区或大城市的盲目增长。事实上，在市场经济体制下，多数发达国家也将国土综合整治作为促进国内落后地区或者问题地区发展的一个重要手段（孟旭光等，2003）。

（四）国土整治的周期从短期向长期方向发展

目前各国国土整治都由短期的、解决临时性局部性问题的开发治理转向长期的有计划的综合整治。例如，日本的“六全综”等都是以 20 年左右为规划目标。德国巴伐利亚州等开展的国土综合整治把空间优化调整与经济结构转变和环境保护密切结合。一些落后地区和问题区域的治理，也需要较长的周期进行综合整治。

（五）国土整治的主体从一国行动转向多国合作

全球性的资源环境问题在威胁着人类的生存与发展，单个国家在解决这些问题时已越来越感到势单力薄。加强国际合作，携手处理资源环境问题已成为世界的共识。国土整治逐步上升到多国合作的高度，如日本“六全综”中提出在世界发展中形成无缝亚洲。

二、国外经验对我国的启示

在各国的国土整治实践过程中，国土整治内容由少到多，地区由小到大，目标从单一到综合，手段由传统到先进，发生了较大的变化，积累了丰富的理论和实践经验，对我国的国土整治有较大的启示，概括起来有如下几点。

（一）注重资源环境调查评价

各国都认识到，只有摸清国土空间及其资源环境基本情况，才能有针对性地进行国土的开发利用和治理保护，才能使国土整治有的放矢，避免人力、物力与财力的浪费。因此，进行系统的资源环境调查评价成为世界各国开展国土整治的基础和起点。日本早在 1951 年就专门制定了《国土调查法》，实施了全国的国土调查。其他主要发达国家也比较重视对国土的全面调查评价。

（二）注重明晰产权和确定相关利益主体

德国、日本等国在开展国土整治过程中注重加强土地产权管理，在明晰产权的基础上加强土地权属和地块调整，促进农地规模经营。美国开展国土整治过程中注重明确界定相关利益主体的范围，通过确定土地所有权、开发权等，基于市场机制，实现公共利益的均衡。明晰产权也有助于确定整治投入资金的分担比例和整治收益的分享机制，为构建多元化投资机制提供依据。

（三）注重以空间规划为引导

以国土空间规划为统领，有计划地开展国土整治，是当前各国国土整治的共同特征。例如，日本先后制定了六次全国国土综合开发规划，同时针对特定区域和领域，也制定了层次分明的国土整治规划。通过国土空间规划，合理安排国土整治的空间布局和开展时序，部署国土综合整治重大工程，有利于提升国土综合整治工作效率。

（四）健全法律法规保障体系

国土整治内容十分广泛，涉及多方面、多层次的利益关系。各国一般采用经济政策、行政命令和法律手段等方式进行调节。其中，法律手段是最为行之有效的手段。因此，各国都十分重视国土立法工作，其中以日本国土整治法令最为全面。日本对每项重大国土整治都制定有专门法律，如林业资源开发利用方面有《林业基本法》；合理利用农业资源，建设农业基地方面有《农业基本法》；合理开发水域、利用渔业资源方面有《水产资源保护法》《海洋水产资源开发促进法》；开发利用草地资源、发展畜牧业方面有《新草地法》等。其他国家，如法国、美国、苏联等也十分重视立法工作。我国应适应转变政府职能，推动国家治理能力现代化的要求，不断制定和完善相关法律法规和标准规范。

（五）有完善的组织保证

国土整治比较成功的国家一般设有专门的领导机构统筹全局，进行多部门的综合开发和国土资源的综合治理。例如，法国于 1963 年设立由总理直接领导、负责全国领土整治的部级专门机构——领土整治和地域开发局，对国土进行全面规划，统一领导不同地区的开发建设工作。日本由国土交通省主导国土整治工作，业务范围包括国土计划、河川、都市、住宅、道路、港湾、铁路、航空、政府厅舍营缮的建设与维护管理等，大致相当于我国国土资源部、交通运输部、住房和城乡建设部和环境保护部等[①]的全部或部分职能。对比起来，我国国土整治的职能和业务仍分散在不同部门，需要调整管理机构，健全工作组织机制，明确国土整治的原则、主管部门、工作程序、权属调整和资金保障等内容，形成不同部门、不同机构之间协作配合的长效机制。

（六）注重维护生态景观

国土综合整治是对国土开发利用方式的再组织和再优化过程。国土整治过程改变了地表生态系统，必然对生态环境造成影响，从而影响土地的可持续利用。国土综合整治需要按照建设生态文明的要求，树立尊重自然、顺应

① 本书完稿于 2018 年 1 月，书中所有数据未涉及 2018 年 3 月《国务院机构改革方案》中的机构调整，特此说明。

自然和保护自然的理念，把国土综合整治作为实现自然保护的有效工具。将生态景观建设和可持续发展的理念贯穿到国土综合整治的全过程，坚持兼顾人文景观保护、自然景观和生态系统保护等多方面需求的基本原则。

（七）注重扶持欠发达地区的国土开发

国土综合整治是扶持欠发达地区发展的重要平台，通过国土综合整治，提升区域国土功能，促进均衡发展。我国可以借鉴德国等国家的经验，在乡村振兴和城乡统筹过程中通过国土综合整治实现农业的规模化专业化经营、乡村文化的保护、景观生态的建设保护和公共设施改善等。借助国土综合整治，促进农村地区、资源枯竭型地区等欠发达地区的发展。

（八）重视理论建设和培养专业科技队伍

国土整治是一门科学，世界各国在进行国土开发过程中，均十分重视理论体系建设和专业科技队伍的培养。一些大学不仅设立相关专业，而且设有博士课程，大力培养国土整治的科学人才。同时，各国注重对国土综合整治基层管理人员和技术人员的培训，形成强有力的执行团队。

第三章

我国国土综合整治发展历程与开展思路

第一节　我国国土综合整治发展历程

一、中华人民共和国成立前我国国土整治开展情况

（一）古代

我国历史上开展了各种类型的国土整治，且注重发挥国土整治的综合效益。例如，为开发土地资源，保障边疆安定，有计划地开展了移民屯田；为发展农业生产，治理洪涝灾害，修建了郑国渠、都江堰等水利工程；为方便交通，促进货物运输，实施开挖运河、修建灵渠、修建驰道等工程。这些国土整治工程的建设加强了中央政府统治，改善了农业生产条件，促进了区域间的交流和工商业的发展，具有重要的军事、政治和社会经济意义。

例如，战国时期的秦国通过建设郑国渠，在关中平原北部，泾、洛、渭

之间构成密如蛛网的灌溉系统，使 4 万余顷[①]耕地得到灌溉，改善了关中的农业生产面貌，增加了土质肥力，粮食亩[②]产量超过黄河中游地区土地数倍[③]。通过修建都江堰水利工程，根治了岷江水患，保证了大约 300 万亩良田的灌溉，发展了川西农业，使成都平原成为旱涝保收的“天府之国”。可以说，两项工程的实施为秦国统一中国创造了强有力的经济基础。

我国历史上的重大国土整治工程在王朝的兴衰之中扮演着重要的角色。如前所述的郑国渠、都江堰，使秦国粮食产量增加，为统一六国的军事战争提供了有力的后勤保障。灵渠的修建为征服南越，开疆拓土提供了军事运输保障。但是，秦国也亡于大兴土木。隋朝修建的京杭大运河，是利在千秋的大工程，但也造成民怨沸腾，导致亡国。反观那些为服务农业生产而开展的国土整治活动，如江淮、江汉之间以修治天然陂池为主的六门陂工程，东南地区以排水筑堤、变湿淤之地为良田为主的鉴湖工程，王安石变法中推行的大规模农田放淤（改良盐碱地），以及边远的宁夏、新疆等地开展的国土整治工程都受到农民的拥护，产生了很好的效果。

（二）近代

近代以来，我国战乱不断，国土整治事业受到极大影响，但仍取得一定的成绩。孙中山先生在《建国方略》中首次对全国国土开发整治进行了部署，他在这个庞大的总体构想中提出：修建 10 万英里[④]的铁路，以五大铁路系统把中国的沿海、内地和边疆连接起来；修建遍布全国的公路网，修建 100 万英里的公路；开凿、整修全国的水道和运河，大力发展内河交通和水力、电力事业；在中国北部、中部及南部沿海各修建一个如“纽约港”那样世界水平的

① 1 顷≈0.07 平方千米。

② 1 亩≈666.67 平方米。

③ 《史记·河渠书》记载，“渠就，用注填阏之水，溉泽卤之地四万馀顷，收皆亩一钟（引者注——钟，古代容量单位，相当于六石四斗）。于是关中为沃野，无凶年，秦以富强，卒并诸侯，因命曰郑国渠”。当时黄河中游地区的粮食亩产仅为一石半。

④ 1 英里≈1.61 千米。

大海港；并提出修建三峡大坝，这是中国人首次提出三峡水力开发的设想。《建国方略》可以说是我国历史上第一个较为全面的国土开发与治理规划，但是受制于诸多因素影响，这个战略构想在当时的历史条件下是不可能实现的。

此外，一些地区也开展了国土整治活动。例如，军阀刘湘统一四川后，在农业方面，成立四川省农业改进所，以期促进农业生产；成立四川省气象局，为全省农业、交通服务；成立四川省矿务处，旨在开发各地煤铁矿产资源；成立四川省水利局，设置都江堰工程处，对都江堰进行大修，扩大了灌溉区面积。抗日战争时期国民政府为了满足战争需求，采取了调整农业机构，注重农业科技示范，开发农林资源，整修水利灌溉工程等措施，致力于西南农业生产。总体上看，受战乱等因素的影响，在近代历史上我国的国土整治工作成效甚微。

二、中华人民共和国成立后国土整治情况

中华人民共和国成立至今，我国开展了大量的国土整治工作，并取得良好的成效。这些工作的开展和成效的取得，与我国所实行的经济体制和管理体制、经济发展速度以及党和国家的方针政策密不可分。就国土整治的整体进展情况看，大致可分为三个时期。

（一）改革开放以前（1949～1978年）

在这一时期，国土整治主要表现为对国土资源的所有制改造，以及围绕经济建设的需要，对国土资源的大力开发利用和为提高农业生产力而进行的水利工程建设与治理。

一是大规模组织开荒运动。土地改革极大地调动了农民的生产积极性，同时在各地组织国营农场，大量开发荒地。1950～1952 年，全国通过开垦荒地和恢复撂荒地扩大耕地面积达 1003.7 万公顷，其中国营农场开荒 37.6 万公顷。1953～1957 年，5 年累计开荒 550 万公顷，平均每年递增 110 万公顷。其中，国营农场开荒 153.6 万公顷，占 27.9%；移民开荒 63.2 万公顷，占 11.5%；农民开荒 333.3 万公顷，占 60.6%。这使得全国耕地面积由 1949 年的 9788.1 万

公顷增加到 1957 年的 11 199.7 万公顷，增长 14.42%。不可否认，大规模的开荒活动也对生态系统造成了一定程度的破坏。但是在当时的历史条件下，这些开荒活动为恢复农业生产，解决人民群众温饱问题做出了巨大贡献。

二是大搞农田水利基本建设。“一五”期间，国家把基本建设总投资的 7.1%用于农业基本建设，其中 63.8%投入防洪灌溉等水利工程，集中力量治理淮河等流域，先后建成官厅、梅山、佛子岭等 7 座大型水库。耕地中的有效灌溉面积达到 2734 万公顷，占耕地总面积的 24.4%；水灾成灾率则降低了 3 个百分点。

三是开展了其他一些国土整治相关工作。例如，在陕北绥德、米脂和甘肃西峰等地开展的黄河中游黄土高原水土流失和水土保持的调查研究与水土保持措施区划工作；开展了黄河三门峡、长江葛洲坝、汉江丹江口等大型水利枢纽工程勘察与建设；开展了上海市地面沉降的研究与防治。

（二）改革开放初期到国土资源部成立之前（1979～1998 年）

改革开放初期，随着国民经济迅速恢复和大规模国土开发活动的展开，城乡建设无序、资源利用浪费、环境污染和生态破坏等问题日益加重。针对当时的情况，党和国家领导人提出要开展国土整治与国土规划工作。1981 年 4 月 2 日，中央书记处第 97 次会议做出决定：

> 国家建委要同国家农委配合，搞好我国的国土整治。建委的任务不能只管基建项目，而且应该管土地利用，土地开发，综合开发，地区开发，整治环境，大河流开发。要搞立法，搞规划。国土整治是个大问题，很多国家都有专门的部门管这件事，我们可不另设部，就在国家建委设一个专门机构，提出任务、方案，报国务院审批。总之，要把我们的国土整治好好管起来。

这是中央第一次就国土整治和国土规划工作做出明确指示。1981 年 10 月 7 日，国务院批准在国家基本建设委员会（简称国家建委）设立国土局①，

① 1982 年 4 月，中央决定将国家建委主管的国土工作业务及其机构国土局划归国家计划委员会主管。

并要求各省（自治区、直辖市）有领导、有步骤地开展国土规划工作。

1982 年 3 月，国家建委在京津唐、湖北宜昌、吉林松花湖、浙江宁波沿海地区、新疆巴音郭楞蒙古自治州、河南豫西地区 6 个典型地区开展国土规划试点工作。同年 4 月，国务院决定由国家计划委员会（简称国家计委）主管国土工作。1984 年 7 月，国家计委出台《关于进一步搞好省、自治区、直辖市国土规划试点工作的通知》。此后，国土规划在全国各省（自治区、直辖市）和重点区域全面展开，并推进到地级市和县级行政单元。1985 年 3 月，国务院批转国家计委《关于编制全国国土总体规划纲要的报告》。1987 年 9 月，国家计委完成规划纲要送审稿，10 月向国务院提出《关于报送〈全国国土总体规划纲要〉（送审稿）的报告》。但由于随后的机构改革等因素影响，国务院一直未审议该规划。

据不完全统计，到 1993 年底，全国已有 30 个省（自治区、直辖市）、223 个地市、640 个县开展了国土规划编制工作。金沙江下游地区、乌江干流沿岸地区、京津唐地区、长江三角洲地区、以山西为中心的能源和重化工基地等区域分别编制了跨行政区国土规划。长江、黄河、淮河、松花江、辽河、珠江、海滦河等流域编制了流域整治规划。由于多种原因，除《金沙江下游地区国土规划》《山东省综合国土规划》外，《全国国土总体规划纲要》及其他要求报国务院审批的国土规划未能正式批复。但这些国土规划提出的诸如南水北调、京九铁路建设等许多建议和设想被采纳，在国民经济发展、资源能源基地建设和生态环境治理等方面发挥了重要作用。

这一时期编制的国土规划，主要是根据国家经济社会发展战略方向和总体目标，以及规划区的自然、经济、社会、科技等条件，制定全国或一定区域范围内的国土开发整治方案。规划的内容主要涉及自然资源综合开发、生产力布局和生态环境综合整治等多个方面。规划的主要任务是从区域整体出发，协调国土资源开发利用和治理保护的关系，协调人口、资源、环境的关系，促进区域经济综合发展，具体包括：确定本地区主要自然资源的开发规模、布局和步骤；确定人口、产业、城镇的合理布局，明确城镇的性质、规模及其相互关系；合理安排交通、通信、动力和水源等区域性重大基础设施建设；提出环境治理和保护的目标与对策等。

这一时期国土开发整治工作受到高度重视，不仅是国土规划的中心内容，而且被纳入国民经济与社会发展计划。在国家“六五”至“八五”三个国民经济与社会发展五年计划中都有专门的章节对国土开发整治工作进行部署（表 3-1）。

表 3-1　“六五”至“八五”计划中有关国土开发整治相关内容

计划	篇级标题	章级标题	主要内容
“六五”计划	第三篇 地区经济发展计划	第二十四章　国土开发和整治	1. 编制部分地区国土开发整治规划 2. 开展对重点地区的资源考察 3. 进一步搞好农业资源调查和农业区划工作 4. 加强国土的保护和治理 5. 开展海洋资源的调查和开发 6. 加强国土的立法工作 7. 做好测绘工作
“七五”计划	三、地区布局和地区经济发展政策	第二十二章　国土开发和整治	1. 编制国土开发和整治规划 2. 开展国土资源的考察和研究 3. 有重点地对大江大河进行综合治理 4. 加强对北方水资源的综合考察和战略意见 5. 进一步搞好水土保持 6. 努力维护和提高土壤的肥力，积极进行土地沙漠化的防治 7. 加强土地管理，切实保护耕地 8. 加快开发和合理利用矿产资源 9. 加强山区的综合开发 10. 大力种树种草 11. 加强海洋资源的调查、开发和管理 12. 加强测绘事业
“八五”计划	四、“八五”期间地区经济发展布局和政策	（七）国土开发整治和环境保护	1. 编制国土开发整治规划 2. 有重点地对大江大河大湖进行综合治理，继续修订和完成黄河、淮河、珠江、辽河、松花江、海滦河流域整治规划 3. 加快土地利用总体规划的制定，严格控制非农业建设占用耕地 4. 加强对海岸带、海岛、海域的海洋资源调查、勘探和规划 5. 加强测绘事业 6. 加强环境监测系统的建设和管理，建成一批国家环境监测网和环境信息网

资料来源：《中华人民共和国国民经济和社会发展第六个五年计划摘要》《中华人民共和国国民经济和社会发展第七个五年计划摘要》《中华人民共和国国民经济和社会发展十年规划和第八个五年计划纲要》

在此期间，开展实施了一些对全国或区域性资源开发和区域发展具有重要影响的国土综合整治工作。例如，在黄淮海平原根据不同区域的特征和类型，按照综合治理和可持续发展的需要，提出了12种综合整治模式和6项重大技术体系（石元春，1994）；在江汉平原开展了以水为主的综合整治工作（白宪台和景才瑞，1994）；在经济发展较为落后的皖南山区开展了以山区资源开发和经济社会全面发展为目的的国土综合整治（方觉曙，1992），在杭州湾六市（黄勇，1990）等经济较为发达的地区部署开展了多项国土综合整治工作。

（三）国土资源部成立之后（1998年至今）

1998年，国务院机构改革，国土整治和国土规划职能由国家计委划转至新成立的国土资源部。这一时期，国土整治工作所处的宏观背景发生了较大变化，资源环境与经济社会发展之间的矛盾更加尖锐，粮食安全、生态安全、区域发展不协调、城乡差距拉大等深层次问题更加突出，国土整治任务更加艰巨。国土资源部成立以来，先后组织开展了国土资源大调查、土地利用调查等工作，积累了丰富的基础资料，并积极开展了土地整治、地质灾害防治等相关工作。在“十五”到“十三五”四个国土资源五年规（计）划中也明确提出开展国土综合整治相关工作（表3-2）。其中，国土资源部在编制《国土资源“十一五”规划纲要》过程中，委托中国科学院地理科学与资源研究所完成了全国国土综合整治区划工作（封志明等，2006），在东北地区、东部地区、中部地区和西北地区分区域部署了国土综合整治工作（郝庆等，2007）。

在这一时期，农业部、水利部、国家林业局等相关部门也开展了不同类型的国土整治工作。但是全国层面的国土综合整治工作仍处于探索阶段，还没有形成统一的管理。

表 3-2　历次国土资源规（计）划有关国土综合整治的内容

规（计）划	章节标题	主要内容
《国土资源“十五”计划纲要》	四、国土综合整治	“十五”期间，启动国土规划与国土综合整治工作。加强地质灾害防治，推进土地整理和复垦，加大矿山环境管理和治理力度，搞好海洋环境整治，实现资源开发和环境保护的协调发展
《国土资源“十一五”规划纲要》	第九章　国土综合整治与地质灾害防治	三、开展国土综合整治示范 制定差别化的国土综合整治政策，以土地整理复垦、矿山环境恢复治理、地质灾害防治为重点，选择不同地区开展国土综合整治示范工作，积极推进重点城市、重要矿山、重要交通干线、重点流域、东北黑土资源区、西南岩溶石山区等国土综合整治。综合治理近海岸带海洋环境
《国土资源“十二五”规划纲要》	第六章　加强地质灾害防治与国土综合整治	按照保障和改善民生的根本要求，大力加强地质灾害防治，全面推进国土综合整治，促进宜居家园和安全国土建设
《国土资源“十三五”规划纲要》	第五章　第二十三节　推进国土综合整治	形成“四区一带”国土综合整治格局。重点在城市化地区、农村地区、重点生态功能区、矿产资源开发集中区和海岸带及海岛开展国土综合整治，修复国土功能

虽然在全国层面没有统一部署开展国土综合整治工作，但是一些地区组织开展了不同层级、不同空间尺度的国土综合整治工作，取得了一定的成效，积累了有益的工作经验。例如，北京市根据不同区域的自然特征、经济社会发展条件和需要重点整治的问题进行了国土综合整治分区，提出了区域差别化的整治措施和对策（安翠娟等，2010）；重庆市树立综合整治的理念，先后在江北区五宝镇（刘雯，2009）、璧山县（现璧山区）大路镇（肖轶和尹珂，2012）等开展乡镇尺度的国土综合整治工作。

第二节　我国国土综合整治开展现状

当前，一方面，我国国土资源、生态环保、农业、林业、水利等相关部门按照部门职责，积极开展具有部门属性的国土整治工作；另一方面，我国在推进生态文明建设理念指导下，正逐步扭转国土综合整治中长期存在的资金分散、整治力量不统一等问题，改变治山、治水、护田各自为战的工作格局，积极推进跨部门的国土综合整治工作。

一、各部门开展国土整治情况

1. 国土资源部开展国土整治情况

一是针对耕地面积减少、土地利用粗放、土地退化等问题，以大规模建设旱涝保收高标准基本农田为重点，大力推进农用地整治、农村建设用地整治、土地复垦、城镇和工矿建设用地整治等工作。先后编制实施了两轮全国土地整治规划，并由国务院发布实施。在推进土地整治的过程中，不断丰富整治的内容和手段，推进土地整治向综合整治迈进（严金明等，2012）。

二是针对我国地质灾害隐患多、分布广和隐蔽性、突发性、破坏性强，防范难度大等特点，编制实施了“十一五”“十二五”“十三五”三轮全国地质灾害防治五年规划。开展地质灾害调查，建立重大地质灾害应急响应体系，并对长江三峡水库区、汶川和玉树地震灾区、甘肃舟曲县城区等已有国家专项规划未能覆盖的新生地质灾害区进行防治。

三是针对我国矿山地质环境和矿区土地复垦问题，编制实施了《全国矿山地质环境保护与治理规划（2009—2015 年）》，制定了差别化管理政策，部署了重点工程，促进矿山地质环境治理恢复。

四是针对我国海洋问题，编制了沿海省级海域海岸带整治修复保护年度计划、海岛整治修复保护年度计划、海洋生态整治修复保护年度计划、海域海岛海岸带整治修复保护规划，提升海域、海岛和海岸带的环境和生态价值，增强了对海洋经济发展的支撑作用。

2. 农业部开展国土整治情况

制定实施了全国高标准农田建设总体规划，统筹推进农业综合开发中低产田改造、土地整理、小型农田水利建设等工程建设，大规模改造中低产田。

坚持重点突破和面上治理相结合，以北方干旱半干旱草原、青藏高原草原等地区为重点，加大天然草原退牧还草工程、京津风沙源草地治理工程、三江源草地建设工程和牧区水利工程实施力度，启动实施沙化草原治理工程、草原自然保护区建设工程、南方草地保护与建设工程，加强草原防灾减灾基础设施建设。

3. 水利部开展国土整治情况

积极推动水利设施、水域及其岸线的管理与保护，指导大江、大河、大湖及河口、海岸滩涂的治理和开发，指导水利工程建设与运行管理，组织实施具有控制性的或跨省（自治区、直辖市）及跨流域的重要水利工程建设与运行管理。组织实施水土流失的综合防治，指导国家重点水土保持建设项目的实施。组织协调农田水利基本建设。编制了长江、黄河、珠江等七大流域综合整治规划。

4. 环境保护部开展国土整治情况

重点开展生态保护，以及农村土壤污染防治、大气污染防治、水污染治理等环境治理工作，编制实施了《全国生态功能区划》等。在充分认识区域生态系统结构、功能及其形成演化规律的基础上，以生态系统服务功能理论为指导，划分生态功能区，明确对保障国家生态安全有重要意义的区域，指导生态建设与生态保护、自然资源有序开发和产业合理布局。

5. 国家林业局开展国土整治情况

通过植树造林，构筑东北森林屏障、北方防风固沙屏障、沿海防护林屏障、西部高原生态屏障、长江流域生态屏障、黄河流域生态屏障、珠江流域生态屏障、中小河流及库区生态屏障、平原农区生态屏障和城市森林生态屏障等十大国土生态安全屏障。加强湿地保护与恢复，建立湿地自然保护区、湿地公园和国际重要湿地，基本形成了以湿地自然保护区为主体，国际重要湿地、湿地公园等相结合的湿地保护网络体系。

二、国土综合整治进展情况

国土作为经济社会发展的物质基础、能量来源和空间载体，在支撑经济社会快速发展的过程中，也面临资源消耗、环境污染和生态破坏等问题。特别是改革开放以后，我国经济社会长期处于高速发展状态，资源约束趋紧、环境污染严重、生态系统退化等形势日益严峻。对此，2012 年 11 月，党的十八大提出大力推进生态文明建设，通过优化国土空间开发格局、全面促进资源节约、加大自然生态系统和环境保护力度、加强生态文明制度建设等，努力建设美丽中国，实现中华民族永续发展。加快推进生态文明建设是加快转变经济发展方式、提高发展质量和效益的内在要求，也是保障经济社会可持续发展的必由之路。国土综合整治立足于优化国土空间开发、提升国土功能、改善生态环境质量，是推进生态文明建设的重要途径，尤其是面对高强度开发下的受损国土，需要实施国土综合整治工程，统筹安排，从整体上提升国土质量。2015 年 4 月，《中共中央 国务院关于加快推进生态文明建设的意见》中明确提出，“编制实施全国国土规划纲要，加快推进国土综合整治”。同年的政府工作报告也提出要办好生态文明先行示范区，开展国土江河综合整治试点。

2015 年 9 月，中共中央、国务院印发《生态文明体制改革总体方案》，其中一项重要原则就是树立“山水林田湖是一个生命共同体”的理念，按照生态系统的整体性、系统性及其内在规律，统筹考虑自然生态各要素、山上山下、地上地下、陆地海洋以及流域上下游，进行整体保护、系统修复、综合治理，增强生态系统循环能力，维护生态平衡。

2016 年 3 月发布的《中华人民共和国国民经济和社会发展第十三个五年规划纲要》将国土综合整治列为山水林田湖生态工程的一个方面，提出开展重点流域、海岸带和海岛综合整治，加强矿产资源开发集中地区地质环境和生态修复，推进损毁土地、工矿废弃地复垦，修复受自然灾害、大型建设项目破坏的山体、矿山废弃地。加大京杭大运河、黄河明清故道沿线综合治理。

推进边疆地区国土综合开发、防护和整治。同年 9 月，财政部、国土资源部、环境保护部三部委联合发布《关于推进山水林田湖生态保护修复工作的通知》，按照“山水林田湖是一个生命共同体”理念，整合财政资金，对国土进行整体保护、系统修复、综合治理并开展试点工作。

2017 年 1 月，国务院印发《全国国土规划纲要（2016—2030 年）》，提出科学推进国土集聚开发、分类保护和综合整治，进一步优化开发格局、提升开发质量、规范开发秩序，形成安全、和谐、开放、协调、富有竞争力和可持续发展的美丽国土。在主要城市化地区、农村地区、重点生态功能区、矿产资源开发集中区及海岸带推进形成“四区一带”国土综合整治格局，构建政府主导、社会协同、公众参与的工作机制，通过加大投入力度，完善多元化投入机制，实施综合整治重大工程，修复国土功能，增强国土开发利用与资源环境承载力之间的匹配程度，提高国土开发利用的效率和质量。

1. 国土江河综合整治试点情况简介

2015 年 3 月，《中央政府政府工作报告》提出“开展国土江河综合整治试点”，同年 5 月，财政部、环境保护部、水利部联合发布《关于开展国土江河综合整治试点工作的指导意见》，决定以流域为单元，开展国土江河综合整治试点工作。

该项工作遵循“节水优先、空间均衡、系统治理、两手发力”的新时期治水方针，以流域为单元，统筹解决流域水资源、水环境、水生态、水灾害等问题，搭建国土江河综合整治平台，推进流域资源环境的综合治理与协同保护，实现河畅水清、一江安澜、人水和谐和永续发展。注重突出问题导向，科学评估流域资源环境承载能力和生态安全状况，深入分析流域水资源、水环境、水生态和水灾害等方面存在的问题，抓住关键症结，有针对性地设计目标和综合整治路径，部署治理任务。实施系统治理，提高对“山水林田湖是一个生命共同体”的认识，统筹流域内各种自然生态要素，发挥规划的控制和引领作用，综合考虑上下游、左右岸、干支流、地表地下、城市乡村、工程措施与非工程措施，系统解决水问题。明确多元共治，贯彻执行涉水相关法律法规，建立区域联动、上下联动、部门联动的协作体系，形成政府统领、企业施治、市场驱动、公众参与的协同共治格局，提高治理能力和治理水平。注重创新机制，加强监测、调度、预警平台建设和信息共享，推动实施流域生态补偿，完善国土江河综合整治长效机制。加强财政政策整合统筹，集中安排，形成合力。推行政府和社会资本合作模式，建立稳定、多元的投入机制。

其中，《关于开展国土江河综合整治试点工作的指导意见》在组织协调机制方面提出，试点工作由财政部、环境保护部、水利部共同组织指导协调。三部与试点省份建立省部际联席制度，及时了解试点工作进展，会商解决试点过程中存在的主要问题，部署安排相关工作等。省级人民政府对本省份试点工作负总责，组织建立工作领导小组，建立财政、环保、水利与相关部门协调机制，明确部门分工，落实部门责任。

2. 山水林田湖生态保护与修复简介

2015 年 9 月，中共中央、国务院印发的《生态文明体制改革总体方案》提出，“树立山水林田湖是一个生命共同体的理念，按照生态系统的整体性、系统性及其内在规律，统筹考虑自然生态各要素、山上山下、地上地下、陆地海洋以及流域上下游，进行整体保护、系统修复、综合治理，增强生态系统循环能力，维护生态平衡”。同年 10 月召开的中共十八届五中全会提出，实施山水林田湖生态保护和修复工程。为落实中央的决策部署，2016 年 9 月，财政部、国土资源部、环境保护部发布《关于推进山水林田湖生态保护修复工作的通知》，要求充分集成整合资金政策，真正改变治山、治水、护田各自为战的工作格局。

山水林田湖生态保护修复统筹的重点内容包括实施矿山环境治理恢复、推进土地整治与污染修复、开展生物多样性保护、推动流域水环境保护治理以及全方位系统综合治理修复。工程实施过程中注重统筹谋划，要求高起点、高质量地编制相关规划和重大工程实施方案，明确生态保护修复的目标任务、技术路线、资金投入和各方责任等。在资金使用上注重积极拓宽资金渠道，允许地方按照系统综合治理的要求，统筹使用环境污染治理、农村环境保护、矿山地质环境治理、土地复垦、水污染防治、生态修复等各类资金。同时，中央财政将择机选择对生态重要性高、实施效果好、跨区域开展的山水林田湖生态保护修复试点工程进行奖补，以进一步调动地方积极性。

按照《关于推进山水林田湖生态保护修复工作的通知》的要求，财政部、国土资源部、环境保护部采取部门推荐、专家指导和实地考察、公开竞争性评选的方式，2016 年确定河北、甘肃等四个地区作为第一批试点予以支持，开展山水林田湖生态保护修复工作。目前，第二批山水林田湖生态保护修复工程试点工作已经启动。试点工程紧紧围绕“山水林田湖是一个生命共同体”的重要理念，探索改变各自为战的工作格局，充分集成整合资金政策，对生态系统进行整体保护、系统修复、综合治理。该项工作的推进，有利于探索统筹推进国土综合整治的工作组织模式和运行机制。

第三节　我国国土综合整治的内在需求与问题

一、我国国土综合整治的内在需求

经济社会快速发展和人民群众需求日益上升，对国土的开发利用、空间优化和质量提升提出了更高要求。一方面，需要着力解决在推进城镇化、工业化和农业现代化进程中，长期积累的资源相对不足、环境容量有限、局部国土承载能力不高等突出矛盾和问题；另一方面，随着社会的发展，广大人民群众对宜居安康国土的追求越来越高，需要着力解决损害群众健康、危及人身和财产安全的突出问题和关键矛盾，如水污染、大气污染、土壤重金属污染、生态退化、自然灾害及地质灾害等，逐步补上长期积累的历史欠账，不断改善人们生存与发展的国土环境质量。

推进生态文明建设，实现绿色发展，对国土综合整治工作提出了更高要求。我国要借鉴国外实施国土综合整治的成功经验，大力开展相关工作，从整体上改善区域国土质量，提高国土空间利用和资源开发水平，保障资源的安全供给，营造宜居安康、绿色高效的国土，提高对经济社会发展的综合承载能力和全面支撑能力，促进生态效益、经济效益和社会效益的同步提升，使国土综合整治成为维护国土安全，保障可持续发展，支撑粮食安全、资源安全、生态安全等国家安全，促进城乡统筹和区域协调发展的重要抓手和基础平台，促进国土开发利用从无序到有序、从低效到高效、从危机到安全的转变，不断增强国土的综合承载能力和抵御风险能力。

二、我国国土综合整治存在的问题

国土综合整治在实施过程中会涉及土地整理、生态维护、环境治理、农田水利、道路交通等多项内容的配套建设。当前，这些职能分属不同部门，各部门各自为政。总体上看，我国国土综合整治开展的相关工作多数为点上或者面上的治理恢复，系统性思维不足，需要用全局的观念指导全国国土综合整治工作的开展。

（一）缺乏空间规划总体统筹，单项整治效果单一

国土整治一般需要立足于某一区域整体生产、生活和生态环境的改善，进行统筹安排，合理布局，形成一个良好的国土开发利用环境。目前，由于缺乏空间规划的总体统筹，各部门开展不同的国土整治工作，但缺少有机衔接，出现了“部门项目多、局部改造多”的问题，且部分项目存在重复立项和分散立项的问题（李如义，2005）。这些以单目标开展的整治活动，效果比较单一，不利于整体功能的提升。另外，多部门投入，分散了人力、物力、

财力资源，也不利于国土整治项目集中连片地全面、快速推进。例如，土地整治、交通基础设施建设等与农田水利建设、产业发展、人口转移等整体发展衔接不够，易造成投入浪费和整体效果较差等问题，不利于总体功能提升。

（二）与资源环境承载力评价衔接不够，综合整治针对性不足

国土综合整治主要是针对资源环境承载力的短板因素和制约因素，采取一定的工程措施、生物措施等进行修复提升。当前，国土综合整治与资源环境承载力评价衔接不够，导致国土综合整治的目标和措施缺乏针对性，整治效果差，也不利于提升区域的资源环境综合承载能力。此外，一些国土开发活动在论证阶段忽视资源环境承载力评价工作，因科学性不足往往产生严重的资源环境负面影响，增加了后期国土整治的难度。

（三）自然资源产权制度不完善，影响整治工作开展和整治成果维护

国土整治是一项系统工作，需各部门在项目实施的各个阶段紧密配合，由于没有建立统一的自然资源产权管理制度，各部门在承担国土综合整治责任以及维护国土综合整治成果上缺乏必要的衔接。以矿区国土整治为例，涉及水利部门的水土流失防治，林业部门的林地、林木管理，环保部门的环境影响管理，国土资源部门的矿山地质环境保护、土地复垦等。但矿区国土整治由于缺乏协调和配合，导致矿山地质环境保护与治理工作的不同阶段缺乏衔接，影响实施效果。例如，国土资源部门开展土地复垦后，复林植被后期维护得不到相关部门的配合，在一定程度上影响矿山环境保护和恢复治理工作成效。急需建立国土综合整治投入与维护的长效机制，在国土综合整治的前期投入、中期治理和后期维护中各部门加强协调，明晰相关责任和义务。

（四）空间管制措施不足，增加国土综合整治难度

我国空间管制措施不足，缺乏对区域产业发展、产业布局、产业结构优

化、项目准入、排污总量控制和污染减排的空间准入标准。国土空间低效、无序开发等问题存在，并进而导致资源危机、生态环境危机、经济危机和社会危机，给国土综合整治带来较大的压力。

（五）整治资金投入以财政为主，市场化生态补偿机制不健全

各地都在不同程度地推进国土整治工作，国家为了减轻地方政府的财政压力，每年都通过不同的途径给予一定的资金补助，但缺口仍然比较大。而且，这种必要的财力支持也没有以制度的形式固定下来，多是临时性、应急性的财力支持（魏东岳，2013）。由于国土整治任务重，中央及地方的资金缺口较多，而其他一些筹资渠道尚未通畅，资金良性造血功能不足，影响国土整治的开展和成效。需要创新国土整治的多元投资机制，按照“谁投资，谁受益”的原则，探索国家扶持和市场运作的生态补偿机制，构建多元化资金投入渠道。

（六）政策措施不足，难以形成良好的多元机制

尽管各部门高度重视国土整治工作，并实施了一些行之有效的措施，但多数是临时性和应急性措施，制度性、规范性不够，缺乏长效管理机制。需要建立实施国土综合整治的长效机制，走制度化、规范化建设之路。国土资源部先后开展城乡建设用地增减挂钩、工矿废弃地复垦、低丘缓坡综合开发利用等试点工作。这些试点工作需要总结模式，形成可复制、可推广的经验，在全国推广，形成推进国土综合整治可操作的路径（刘新卫，2015）。

第四节　国土综合整治主要原则与总体思路

一、推进国土综合整治的主要原则

从大国土的角度入手，站在服务国家全局发展的战略高度，以提高国土

资源利用效率、优化国土空间格局、提升国土环境质量、维护国土安全为目标。基于国土资源调查评价，诊断国土开发利用中存在的土地退化、环境污染、生态脆弱、国土空间利用效率不高等突出矛盾，综合运用经济、行政、法律等多种手段和政策措施，推进国土综合整治工作。

1. 坚持综合整治理念

坚持在整治目标、内容、手段以及预期效果等方面体现综合理念。在推进国土整治过程中，以优化国土空间开发格局、科学配置国土资源、综合整治国土环境为目标，将开发利用与保护并重。做到以防为主，防治结合，综合治理。坚持多元思维，做到统筹兼顾，不断拓宽国土综合整治的内涵，从单纯的土地整理、污染治理、生态修复等，逐步提升到综合整治的高度。以国土综合整治为平台，将各项工程部署和政策措施同乡村振兴、扶贫开发、基础设施建设、产业发展、城乡土地优化配置、资源型地区发展转型等有机结合，满足国土资源和国土空间利益多元化的要求。

2. 坚持制度配套和制度创新相结合

总结以往工作经验，从土地、经济、户籍管理、重大项目安排等多方面，创新和完善国土综合整治配套制度，加大综合性配套制度供给力度，保障和提高国土综合整治的工作效率。构建财政引导、多元化资金投入的新机制，充分发挥中央财政资金的引导作用，重点支持历史遗留问题较多、区域发展滞后等问题区域以及对全局发展有重要影响区域的国土综合整治工作。在推进过程中，积极拓宽国土综合整治资金渠道，探索建立鼓励社会资金投入的新机制。

3. 坚持统一规划，分步实施

在科学调查评价的基础上，做好推进国土综合整治的顶层设计。从综合性和复合性的角度，整体规划国土综合整治的目标任务和工程措施。在实施过程中，以市县级行政区域政府为实施主体，统筹多方力量，有序配合；以重点项目为载体，统一规划，整体设计，分步组织实施。

4. 坚持因地制宜，试点先行

根据各地的实际情况，探索不同的国土综合整治模式。可优先选择国土开发利用中问题突出，分布集中连片，政府组织协调能力强，整治投入产出效果明显的地区，开展国土综合整治试点工作，并重视对实施效果的评估，及时总结经验和教训，推广有效的经验。

5. 坚持政府主导，部门配合

探索建立以国土综合整治为平台的部门协调合作机制，改变国土开发整治各自为政、条块分割的情况。切实发挥政府的主导作用，统筹涉及国土综合整治的各项工作，加快国土综合整治实施进度，提升整治效果。

二、国土综合整治总体思路

国土综合整治需要按照推进生态文明建设的要求，以空间规划为统领，明确不同地域空间的功能定位、开发利用方向；以资源环境承载力评价为基础，明确不同区域国土综合整治的目标、任务和整治路径；以自然资源产权制度为前提，明晰不同利益主体承担国土综合整治的责任和义务；以国土空间管制为手段，明确空间分区开发标准和控制引导措施；以纵向财政转移支付和生态补偿为保障，明确国土综合整治的资金投入和经济补偿；以城乡建设用地增减挂钩、耕地占补平衡等具体措施为路径，明确不同区域、不同领域实现国土综合整治目标的可操作性措施。

1. 国土综合整治主要目标

一是提升国土质量。通过加强生态恢复与建设、治理环境污染、建设防灾减灾体系，修复受损自然生态系统、美化环境、提高防灾能力，提升国土质量，营造安全宜居宜业环境。

二是提高资源利用效率。通过国土综合整治，提高资源的供给数量、质量和资源之间的匹配协调程度，保障资源供给安全。例如，在农村地区通过土地整理、测土培肥、农田水利建设等，建设高标准基本农田，增加耕地面积、提高土壤肥力、提高农业用水效率，保障粮食安全。

三是优化空间布局。通过推进农村建设用地复垦，退耕还林，治理城市旧工业园区、旧厂房、工矿废弃地等，协调生态、生活和生产空间用地比例，优化空间格局。通过农民向居住社区集中、工业向工业园区集中、农业向设施农业园区集中，实施城乡建设用地增减挂钩，压缩农村住宅建设用地空间、扩大农业用地空间、提升工业用地效率等，优化区域空间布局。

四是提升区域可持续发展能力。通过采取经济、法律、行政等手段和工程、技术、生物等措施，以提升资源环境综合承载能力为主要出发点，以全面服务区域可持续发展为目标，对国土进行综合整治，全面提高区域的可持续竞争能力和抵御风险能力。

2. 国土综合整治主要任务

一是开展基础调查评价工作。充分利用国土资源等部门开展的国土资源大调查、土地调查、基础地理测绘等国土资源调查评价的成果。通过问题诊断、空间叠加等手段，开展资源环境承载力综合评价等工作，对各区域国土综合整治面临的突出问题进行调查评价。为开展国土综合整治，实施重大工程提供科学基础。

二是开展国土综合整治示范区（示范工程）建设。选择具有一定地域代表性，集中连片，利于综合整治效果产出，对推动全国或一定区域内的国土综合整治具有示范意义的地区进行示范区（示范工程）建设。国土综合整治示范区的选取要重点突出，可考虑在县级行政区域内部署国土综合整治重大工程。以重大工程为平台，整合各方资金和力量，统一规划，整体推进国土综合整治工作。通过示范试点先行，带动国土综合整治工作全面开展。

三是形成推进国土综合整治的长效机制。探索建立推进国土综合整治的协调合作机制，提供强有力的组织保障。在资金管理和投入上，协调各部门投入的时序安排，探索建立财政引导、多元投入机制，形成合力。在体制机制上，出台改革创新机制的政策措施，鼓励部门合作、地方试点、社会资金投入、整治技术创新等，为国土综合整治提供政策保障。

第四章

国土空间规划与国土综合整治

第一节　国土空间规划编制现状

一、国土空间规划的基本内涵及其与国土综合整治的关系

国土空间规划[①]是一个国家或区域高层次的综合性规划，其主要任务是通过合理配置国土资源、优化国土开发空间、保护生态环境、统筹区域和城乡协调，保障国家与区域可持续发展，是政府优化配置国土资源、进行国土空间管控和治理的重要手段（郝庆等，2012）。国土空间规划也是指导开展国土综合整治的总体方案，明确国土综合整治的区域部署、重点任务和重大工程。

① 需要指出的是，我国目前存在“国土规划”“空间规划”“国土空间规划”等不同的名称，如目前正在开展的省级空间规划试点和省级国土规划工作。这些规划在概念内涵、规划内容等方面并无本质差别，只是由不同部门主导而使用不同的名称，本章统称为国土空间规划，并根据情况采用“国土规划”或“空间规划”。

我国在20世纪80年代初开始开展国土规划工作时，对国土规划的定位有比较明确的规定。1987年8月，国家计委发布的《国土规划编制办法》相关条目规定如下：

> 第二条 国土规划是根据国家社会经济发展总的战略方向和目标以及规划区的自然、经济、社会、科学技术等条件，按规定程序制定的全国的或一定地区范围内的国土开发整治方案。
>
> 第三条 国土规划是国民经济和社会发展计划体系的重要组成部分，是资源综合开发、建设总体布局、环境综合整治的指导性计划，是编制中、长期计划的重要依据。
>
> 国土规划确定的国土开发整治任务，根据社会经济发展的需要和国家经济技术力量的可能，分期分批纳入国民经济和社会发展的五年和年度计划，并制定相应的政策、法规、发动群众进行等多种方式组织实施。

当时党中央对国土工作有明确的定位："管土地利用，土地开发，综合开发，地区开发，整治环境，大河流开发。要搞立法，搞规划。"①从这个工作定位看，国土规划是国土工作的中心工作，是国土开发、利用、整治和保护的总体部署，国土综合整治是国土规划的一项重要内容。自然资源的开发利用、生产力布局和环境整治是当时国土规划的重点任务。现阶段的国土空间规划作为空间治理的一个重要手段，国土综合整治仍然是其一项重要内容。国土空间规划科学合理、实施有效，可以避免出现资源浪费、空间无序开发、环境恶化等问题，提前防范和避免国土综合整治所面对的问题。反之，如果国土空间规划缺位、编制不科学，或者没有得到很好的实施，则可能带来一系列资源环境问题，给国土综合整治工作带来难度。另外，在编制国土空间规划时，也需要针对出现问题的区域，合理安排国土综合

① 1981年4月2日，中央书记处第97次会议决议。

整治措施，部署国土综合整治重大工程，修复受损国土，提升国土的可持续发展能力。

二、我国国土空间规划编制发展历程

德国、日本等国开展国土空间规划的历史较长，国土空间规划的理论体系和技术方法比较完善，相关的政策法规和管理制度也比较完善，并构建了层次清晰、功能明确、相互衔接的空间规划体系（蔡玉梅等，2017）。这些国家在国家、区域和地方等不同层级政府中一般都有专门的机构进行国土空间规划的编制实施。

我国在借鉴欧美、日本、韩国等先进经验的基础上，先后开展了不同类型和不同层次的国土规划。在组织形式上，综合性的国土规划长期以来由国家计划管理部门开展，主要是在计划体制内探索区域空间管控和治理的有效形式，为自然资源开发、生产力布局、城乡建设等经济建设服务。在20世纪八九十年代，我国计划经济体制下的国土规划工作全面铺开，编制了全国及省市县和重点区域、主要流域等不同类型、不同层级的国土规划。但是到20世纪90年代中期以后，由于经济体制转型、政府机构改革、规划编制理念未能适应市场经济发展需要等种种原因，多数编制的规划未能批复实施，国土规划编制陷入低谷。

20世纪90年代中后期，我国工业化、城镇化进入加速发展阶段，并开始启动社会主义市场经济体制的全面改革进程，中国社会进入结构转型时期。1998年国务院机构改革，将编制国土规划的职能由原国家计委划转至新成立的国土资源部。此后，国土资源部组织开展了国土规划相关的理论研究，并选择部分地区开展省级国土规划试点，但直到2010年才启动《全国国土规划纲要（2016—2030年）》的研究编制工作；与此同时，原属于国土规划范畴的土地资源利用、矿产资源开发、城市布局、交通基础设施建设、流域综合整治等内容，为国家发展和改革委员会、国土资源部、住房和城乡建设部、环境保护部、水利部等部门编制的主体功能区规划、区域规划、土地利用总体规划、城镇体系规划、生态环境保护规划、流域综合规划等所取代。

当前，我国呈现出主体功能区规划、国土规划、土地利用总体规划、城镇体系规划等多个国土空间规划并存的局面，各个规划在积极发挥作用的同时，也出现了重复交叉、冲突矛盾等问题。对此，党中央、国务院提出在县市通过探索经济社会发展、城乡、土地利用规划的“三规合一”或“多规合一”，形成一个县市一本规划、一张蓝图，持之以恒加以落实。2014 年 8 月，国家发改委、国土资源部、环境保护部、住建部联合印发《关于开展市县“多规合一”试点工作的通知》，要求在全国范围内开展市县“多规合一”试点工作，统筹考虑经济社会发展规划、城乡规划、土地利用规划、生态环境保护规划“四规合一”，探索整合相关规划的空间管制分区，划定城市开发边界、永久基本农田红线和生态保护红线，形成合理的城镇、农业、生态空间布局；探索完善经济社会、资源环境政策和空间管控措施，形成一个市县一本规划、一张蓝图的管理目标。

为探索空间规划体系改革，在前期开展 28 个市县“多规合一”试点的基础上，中共中央办公厅、国务院办公厅于 2017 年 1 月印发《省级空间规划试点方案》，选择海南、宁夏、吉林、浙江、福建、江西、河南、广西、贵州开展省级空间规划试点，统筹各类空间性规划，编制统一的省级空间规划，为实现“多规合一”、建立健全国土空间开发保护制度积累经验、提供示范①。2017 年 1 月，《全国国土规划纲要（2016—2030 年）》由国务院发布实施②，按照《全国国土规划纲要（2016—2030 年）》的工作部署，国土资源部于 2017 年 4 月审议通过《国土资源部贯彻落实全国国土规划纲要（2016—2030 年）实施方案》，启动了省级国土规划编制工作。

① 参考 2017 年 1 月中共中央办公厅、国务院办公厅发布的《省级空间规划试点方案》。
② 参考 2017 年 1 月国务院发布的《全国国土规划纲要(2016—2030 年)》。

三、主要空间规划的编制情况

1. 主体功能区规划

2006 年，国务院办公厅下发了《国务院办公厅关于开展全国主体功能区规划编制工作的通知》，成立了由国家发改委、国土资源部等 15 个部门组成的全国主体功能区规划编制工作领导小组及其办公室。2007 年 5 月规划编制工作正式启动。2010 年 10 月，国务院发布《国务院关于印发全国主体功能区规划的通知》，明确《全国主体功能区规划》是我国国土空间开发的战略性、基础性和约束性规划。各省级人民政府也编制发布了省级主体功能区规划。

主体功能区建立在区域分异客观规律和地域功能适宜性评价的基础上（盛科荣和樊杰，2016），并以此确定国土空间开发格局和国土功能分区。在编制过程中，通过设置指标体系，运用现代地学空间分析方法，以县级行政区为单元划分“四类主体功能区域”，即优化、重点、限制和禁止四种类型功能区，通过对每个县级行政区确定其主体功能定位，实现国家上层位规划的基础性、约束性功能（盛科荣和樊杰，2016）。具体的区域开发和空间管制内容包括区域的主体地域功能、城镇体系建设、产业定位和布局、人口规模控制和人口转移、资源配置和生态环境保护等，以及配套政策措施。在国土空间开发无序、全国性国土空间规划缺位的状态下，主体功能区规划对引导国土空间有序开发具有积极的意义。

当前，主体功能区已经上升为国家战略层面，与区域发展总体战略共同成为我国国土空间开发的两大战略。《中共中央 国务院关于加快推进生态文明建设的意见》和《生态文明体制改革总体方案》等中央文件中不断强化主体功能定位，提出积极实施主体功能区战略，完善主体功能区制度。未来主体功能区战略和主体功能区规划将深刻影响我国国土空间开发格局变化走势（樊杰，2013）。

2. 区域规划

区域规划和国土规划的本质相似（胡序威，1982），区域规划可以看作是区域性国土规划的简称，各种区域性的总体规划组成国土规划。20 世纪 80 年代，我国开展国土工作时，区域规划和国土规划都是国家计委的职能，在实际工作中区域规划和国土规划相互通用[①]。1998 年国务院机构改革，将原属国家计委制定国土规划的职责划归新成立的国土资源部；国家计委更名为国家发展计划委员会，保留了区域规划的职能。区域规划和国土规划由一家独揽变成了两家分管。从“十一五”时期起，国家发改委积极开展区域规划编制工作，先后编制了《京津冀都市圈区域规划》《长江三角洲地区区域规划》《珠江三角洲地区改革发展规划纲要（2008—2020 年）》《广西北部湾经济区发展规划》等区域性规划。据不完全统计，到 2017 年底先后有 100 多个区域规划和区域发展指导性意见出台[②]。

这些区域规划的范围、主题、内容及主要任务，乃至表现形式等各有千秋。例如，2008 年 1 月发布的《广西北部湾经济区发展规划》，其规划定位、内容和任务与原国家计委主导编制的上一轮国土规划类似。涉及区域背景分析、国土空间布局、基础设施建设、产业发展和布局、人口和城镇化、科教文卫发展、环境整治与生态保护以及配套政策等，规划范围以广西壮族自治区的南宁、北海、钦州、防城港四市为主体。2017 年 2 月国家发改委、住建部发布的《北部湾城市群发展规划》则以建设生态环境优美、经济充满活力、生活品质优良的蓝色海湾城市群为主题，规划范围除广西壮族自治区四市外，还涵盖了广东省湛江市、茂名市、阳江市和海南省海口市、儋州市、东方市、澄迈县、临高县、昌江黎族自治县等地区。

数量庞大的区域规划在促进区域资源整合、提升产业发展、实施区域国

---

① 参考吕克白同志 1982 年 9 月 24 日在“南方省、市、自治区国土规划工作讨论会”上的讲话。吕克白时任国家计委副主任，主要分管国土规划工作，是我国国土规划工作的主要创建人之一。

② 数据来源：国家发展和改革委员会地区经济司。

土综合整治等方面发挥了重要作用。但是这些区域规划多数从区域自身出发，而从全国国土空间开发总体格局的角度考虑不足。有些区域规划还出现规划范围重叠、定位冲突、规划内容不统一等现象。可以说，缺乏全国性国土空间规划，是导致出现上述问题的根源之一。

3. 土地利用总体规划

土地利用总体规划是为保护日益紧缺的耕地资源而出现的。其最初的定位是国土规划的组成部分，是土地利用宏观的、指导性的长期规划。主要内容是根据土地自然特点、经济条件，以及国民经济、社会发展用地需求的长期预测，确定土地利用的目标方向与结构布局，并对各主要用地部门的用地规模提出控制性指标，划分土地利用区域，确定实施规划的方针政策和措施。从 1987 年国家土地管理局着手编制第一轮全国土地利用总体规划至今，已有 30 多年的历史。土地利用总体规划历经三轮的编制实施，形成了较为完善的规划体系、编制技术方法以及实施手段，成为指导土地利用与保护、实施土地用途管制的重要手段。2017 年国土资源部启动了第四轮全国土地利用总体规划编制前期研究工作。

目前，编制土地利用总体规划和国土规划的职能都以国土资源管理部门为主。国土规划与土地利用总体规划均将土地及其空间利用作为重要规划对象，将用途管制作为规划实施的核心手段。因此，有人建议通过扩充土地利用总体规划的内容，而代替国土规划。但笔者认为需要厘清关系、明确分工，土地利用总体规划应以高层次的国土规划为依据，向专业性和科学性发展，而不是本末倒置，以土地利用总体规划来代替国土规划。

4. 城镇体系规划和城市群规划

在中国现行的规划体系中，城市规划是出现较早，理论基础和技术规程较为成熟的空间规划，在实际工作中已经发挥了重要的指导作用。城市规划通过对城市内各种组成要素的合理布局，实现城市空间有序发展的目的。城市规划为城市快速有序发展做出了贡献，但也容易产生过多占用耕地、重复建设和恶性竞争等问题，出现不少以损坏“整体最优”而达到“局部最优”的现象。有效的城市规划不能就城市而论城市，必须从更大的区域范围着手，以更高层次的国土空间规划作为指导。

城镇体系规划是在国土规划长期缺位的情况下发展起来的，是城乡建设部门根据自身需要，从较大的区域范围内分析城市的功能定位及相互关系，用来指导具体的城市布局和发展建设。城镇体系规划出现之后不断拓展领域，规划的区域尺度向上下延伸，法律地位逐渐提高。2008 年 1 月 1 日起施行的《中华人民共和国城乡规划法》赋予城镇体系规划独立的地位，与城市规划、镇规划、乡规划和村庄规划共同构成城乡规划体系。《中华人民共和国城乡规划法》规定，城镇体系规划是政府综合协调辖区内城镇发展和空间资源配置的依据和手段，为政府进行区域性的规划协调提供科学的、行之有效的依据。规划内容包括确定区域城镇发展战略，合理布局区域基础设施和大型公共服务设施，明确需要严格保护和控制的区城．提出引导区域城镇发展的各项政策和措施等。城镇体系规划明确了全国和一定区域内的城镇等级规模和城镇布局，明确了不同等级的城镇在区域城镇体系中的职能和定位，并且在统筹区域内城镇间的产业分工、城乡一体化、基础设施建设以及生态环境保护等方面起到了积极的作用，尤其是在指导城市规划编制的过程中，发挥了指导作用。

近年来，为统筹城乡区域发展，形成以人为本、四化同步、优化布局、生态文明、文化传承的中国特色新型城镇化道路，国家发改委、住建部、国土资源部、民政部等 15 个部委联合开展《国家新型城镇化规划（2014—2020 年）》的编制工作。2014 年 3 月，该规划由中共中央、国务院印发，并被确定为今后一个时期指导全国城镇化健康发展的宏观性、战略性、基础性规划。该规划内容包括有序推进农业转移人口市民化、优化城镇化布局和形态、提高城市可持续发展能力、推动城乡发展一体化等。根据国家新型城镇化规划的有关要求，国家发改委先后发布了《国家发展改革委办公厅关于开展跨省级行政区城市群规划编制工作的通知》（发改办规划〔2014〕1066 号）和《国家发展改革委办公厅关于加快城市群规划编制工作的通知》（发改办规划〔2016〕2526 号），启动了珠三角湾区城市群、海峡西岸城市群、关中平原城市群、兰州—西宁城市群、呼包鄂榆城市群等跨省域城市群规划编制和云南滇中、新疆天山北坡等边疆地区城市群规划编制，并要求省级人民政府自行组织编制省域内城市群规划。截至 2017 年 3 月底，国务院先后批复了长江中游城市群、哈长城市群、成渝城市群、长江三角洲城市群、中原城市群、北部湾城市群等 6 个国家级城市群。目前尚有珠江三角洲城市群、京津冀城市群等数个国家级城市群规划没有得到批复。

城市群立足于统筹城市群地区的人口与资源环境以及经济社会等各方面的要素，促进区域、城乡协调发展，在规划内容上几乎涵盖了城市群地区国土空间规划所涉及的所有主要方面，具有积极的意义。但是城市群规划是非法定规划，在本就空间规划种类繁多、体系混乱的情况下，又增加了一类空间性规划。此外，城市群规划还存在规划编制与实施主体不够明确、规划编制随意性较大等问题。在国土空间上，城市群规划也无法做到全覆盖，同时也存在规划区域重叠交叉等现象，如正在启动编制的《粤港澳大湾区城市群发展规划》与正在编制的《珠江三角洲城市群发展规划》不可避免地将出现规划区域重叠的问题。

5. 国土规划

国土规划是根据国家经济社会发展战略和自然条件，对国土开发、利用、保护和整治进行的统筹谋划和综合部署。在德国、日本，国土规划是涵盖了国家总体规划、地方总体规划以及地方土地利用、城市建设等专项规划的规划体系，而不是某个单一规划的名称。但由于翻译的问题，我国国土规划一直被当作与区域规划、城市规划、土地利用规划等并列的单项规划，带来国家管理体制上的长期不顺（陆大道，2017）。本部分所述的“国土规划”仅指狭义范围上的国土规划。

20世纪80年代，国家计划委员会编制完成《全国国土总体规划纲要》(送审稿)，虽然由于种种原因，该规划没有正式颁布实施，但规划提出的诸多国土开发理念和战略设想，对我国国土开发和区域发展实践、国土空间开发格局的形成，都产生了深远影响。例如，论证提出的南水北调、京九铁路、三峡建设等重大工程在此后逐步得到实施。

1998年以来，国土资源部在总结国内外编制实施国土规划经验的基础上，选择辽宁省、广东省、天津市和深圳市开展国土规划试点工作，研究探索新形势下国土规划的目标任务、重点内容和实施手段，取得了一定的理论成果和实践经验。2009年，国土资源部联合国家发改委、财政部、住建部联合向国务院上报《国土资源部关于推进国土规划工作的请示》。经国务院同意，国土资源部和国家发改委于2010年联合启动《全国国土规划纲要（2016—2030年）》编制工作。在此期间，继续在福建、河南、广西北部湾经济区、湖南长株潭城市群等地区开展国土规划试点工作。

其中，《全国国土规划纲要（2016—2030年）》编制工作按照“政府组织、专家领衔、部门合作、公众参与、科学决策”组织模式，开展了九大方面48项重大专题的研究，规划内容包括基础与形势、战略部署、国土开发引导、国土分类保护、国土综合整治、支撑与保障、分区发展指引和规划实施等。规划突出亮点表现为以资源环境承载力为基础，创新了国土空间分区引导管制方案，丰富完善了国土规划的理论和技术方法；构建了国土集聚开发、分类保护和综合整治三位一体的总体格局；明确了人口、城镇、三次产业和重点区域发展等在国土空间的开发引导；将“四线”管控作为控制国土开发强度、保障规划实施的重要措施和手段；推进陆海统筹发展，促进国土纵深开发；将国土综合整治作为推进生态文明建设的重要平台和抓手，突出了资源保障和资源节约集约的内容。2017年1月，国务院印发了《全国国土规划纲要（2016—2030年）》。2017年4月，国土资源部启动了省级国土规划编制工作，目前该项工作正在开展之中。

6. “三规合一”为主的“多规融合”

“三规合一”是指将国民经济和社会发展规划、城市总体规划、土地利用总体规划编制和实施相融合。国民经济和社会发展规划是全国或者某一地区经济、社会发展的总体纲要，提出政府在规划期内经济社会发展的方针政策、战略目标、主要任务、实施重点，是具有战略意义的指导性文件。土地利用总体规划是在一定区域内，根据国家社会经济可持续发展的要求和当地自然、经济、社会条件，对土地的开发、利用、治理、保护在空间上、时间上所作的总体安排和布局，是国家实行土地用途管制的基础。城市总体规划是城市人民政府依据国民经济和社会发展规划以及当地的自然环境、资源条件、历史情况、现状特点，统筹兼顾、综合部署，为确定城市的规模和发展方向，实现城市的经济和社会发展目标，合理利用城市土地，协调城市空间布局等所作的一定期限内的综合部署和具体安排。“多规融合”则是在“三规合一”的基础上，加上生态环境保护规划、交通规划等相关规划。目标是协调经济社会与资源环境之间的关系，协调各类空间规划的冲突矛盾，实现“一本规划、一张蓝图”。这也是生态文明体制改革的一项重要任务。

党的十八大之后，为探索空间规划体系改革，构建以空间治理和空间结构优化为主要内容，全国统一、相互衔接、分级管理的空间规划体系，中央相继开展了市县“多规合一”试点和省级空间规划试点。2014 年 8 月，国家发改委、国土资源部、环境保护部、住建部选择辽宁省大连市旅顺口区等 28 个市县开展“多规合一”试点工作，推动市县级国民经济和社会发展规划、城乡规划、土地利用总体规划、生态环境保护规划“多规合一”。2017 年 1 月，中共中央办公厅、国务院办公厅印发《省级空间规划试点方案》，选择海南、宁夏等 9 个省级空间规划试点，统筹各类空间性规划。目前，市县级“多规合一”试点工作已经结束，确立了统一的空间规划功能定位、建立了统一的空间规划体系、强化了政府的统一组织领导、夯实了统一的规划编制基础、探索了统一的规划编制方法、提出了统一的规划成果要求、健全了统一的规划管理机制，形成了许多可复制、可推广的经验（董祚继等，2017）。福建、河南、广西等地的省级空间规划试点也取得了阶段性成果。

第二节　国土空间规划编制存在的问题

现行各种类型的国土空间规划虽然发挥了积极的作用，但在一定程度上存在着功能交叉、内容重复的现象，尤其是在缺乏综合性国土空间规划的情况下，出现了一些问题和矛盾（钦国华，2016）。

一、国土空间开发格局不明确，区域发展协调困难

综合性国土空间规划的长期缺位，导致我国没有明确的国土空间开发战略。在现行财税体制下，各地区在区位条件、自然资源和区域承载力方面存在着巨大差异的前提下，都谋求快速的经济社会发展和城乡建设，经济社会发展与资源环境之间的匹配度趋于恶化，空间开发无序、资源短缺等日趋严重。许多地方规划由于缺乏上位规划管控，加之地方保护主义严重，只注重眼前利益和局部利益，助长了重复建设、恶性竞争和资源环境破坏，有的不惜损害相邻地区利益。由于缺少跨行政区国土规划，一些重要流域、大都市连绵区、城市群地区、海岸带地区以及重要资源富集地区，在开发建设部署上缺乏统筹规划，各自为政，加剧了资源浪费和环境恶化。

二、现有规划难以有效衔接协调

在地方和区域层面，各地近年来编制了大量规划，但受地方利益和部门行业利益影响，这些规划在内容和职能上的重叠交叉、矛盾冲突更加严重。

例如，据广东省国土规划课题组 2005 年统计，广东省形成了 80 多个省级专项规划。由于没有在省域国土空间内进行统一配置和总体规划，一方面造成各种规划在空间实体上相互重叠、彼此交叉，导致用地紧张，国土资源供应不足；另一方面在空间功能上出现矛盾甚至对立的开发利用指向，造成空间功能错位，发展导向不明。急需通过综合性国土空间规划，有效协调各种规划间的空间冲突，综合配置，并加以空间落实。

三、现行规划在规划理念和内容上未能适应市场经济要求

从现行涉及空间开发利用的各级各类规划来看，不少规划在规划理念、内容、方法上未能按照社会主义市场经济发展的要求进行调整，带有浓重的计划经济色彩，影响了规划作用的有效发挥。例如，在规划理念上重经济增长，对社会发展特别是民生问题关注不够。多数规划对于经济增长，有目标、有指标、有项目、有措施，但涉及资源环境保护、公共服务、公益事业等的安排，往往较为空泛，缺乏可操作的具体措施。一些国土空间规划部署安排的国土综合整治工程，由于缺乏必要的资金保障和政策机制保障，可操作性差，难以实施，整治效果不突出。

四、国土空间规划的调控作用有待强化

现行涉及空间开发利用的各级各类规划未能充分发挥空间统筹和管控作用，从而导致我国国土空间开发过程中出现国土空间经济密度较低、区域经济发展差异过大、经济社会活动与资源环境基础匹配较差、区域经济同构化与空间失调、恶性竞争并存等种种问题。今后，随着中国城市化、工业化进程的加快，社会经济总量将进一步加大，建设空间将逐步拓展，经济社会活动与资源环境承载力之间的矛盾会进一步凸显，对国土空间规划宏观调控的需求将进一步增大。

第三节 协调国土空间规划与国土综合整治的建议

一、构建国土空间规划体系

构建以国土空间管制为主要手段、以国土综合整治为主要措施的国土空间规划体系，强化对国土空间开发、利用、保护、整治的综合部署与统筹安排，推进国土集聚开发、分类保护和综合整治，进一步优化开发格局、提升开发质量、规范开发秩序，促进形成安全、和谐、开放、富有竞争力和可持续发展的美丽国土。在国家和省级层面，编制和实施综合性国土空间规划；在市县级层面形成现有国民经济和社会发展规划、城乡规划、土地利用总体规划等多种空间规划融合的“多规合一”规划模式，促进“多规融合”。同时，辅助以跨区域的综合性空间规划，以及在总体规划控制下的交通、水利等专项空间规划。

二、理顺不同层级规划定位与功能

大幅度简化自上而下的用地指标控制体系，增强地方规划能动性，加强公众参与，提升优化空间布局的水平。国家级和省级规划，突出战略性、政策性和指导性，促进城镇化目标、模式、空间格局与土地资源承载能力相协调；市县级规划，突出管控性和可操作性，强化对城乡建设规模、布局和形态的管控；乡镇级及以下规划，重点细化土地用途分区和相应的管制规划，针对规划允许建设区、有条件建设区和需要整治更新的建成区，编制详细的地块划分方案，明确地块利用要求（祁帆等，2017）。

三、科学进行空间规划分区

空间规划分区既是空间规划的开始（界定空间控制区域），也是空间规划的深入（落实规划措施和相关政策）。国土规划需要将国土空间分区作为规划的灵魂，通过国土空间分区联系规划各项主要任务、落实规划目标，使之成为指导重大工程部署和政策配套与制度创新的主线。市场经济体制下的国土规划具有政策引导和空间约束的双重属性。在国土空间分区上，需要综合设计空间利用管制分区和空间政策引导分区（郝庆，2014），体现国土规划的引导性和约束性作用。在宏观尺度上，进行区域发展重大战略部署和制定差别化的区域政策，引导市场力量；在微观尺度上，强化土地空间管制，规范市场主体的空间开发秩序，促进宏观战略部署目标实现，形成有序国土空间开发格局。制定不同国土空间的开发管制规则，建立统一高效的国土空间管控体系。

四、因地制宜部署国土综合整治工程

区域是落实科学发展观，实现人与资源环境、城市与乡村、经济社会发展与生态保护等统筹、协调、可持续发展的单元。国土空间规划要保障重要区域战略的实施，必须因地制宜，把区域优势、资源优势等转化为经济优势，并对国家重大战略部署的总体思路进行细化，尤其是空间部署和资源开发的总体思路。同时，需要按照推进生态文明建设的要求，针对区域内国土开发利用中的主要问题和重点矛盾，结合区域资源环境本底和经济社会发展需要，有针对性地部署国土综合整治工程，提升自然本底对经济社会发展的支撑能力。

第五章

资源环境承载力与国土综合整治

第一节　资源环境承载力的基本内涵与研究现状

一、资源环境承载力的基本内涵

（一）资源环境承载力的概念内涵

“承载力”原本是力学概念，由承载主体、承载客体和承载关系三个基本要素构成。承载力由物理学或力学的概念引入生物学与生态学之中，其特定含义是在特定环境条件下某种生物个体可以存活的最大数量，主要是从理论上研究生物种群数量增长极限和粮食制约下的人口总量等问题，如1798年出版的马尔萨斯的著作《人口原理》对后世的人口承载力研究产生深远影响。20世纪初，以经济社会为承载客体的资源环境承载力研究开始出现。20世纪六七十年代全球性资源环境危机爆发后，承载力研究逐步被广泛应用于人类经济社会活动实践中，主要研究资源环境制约下的人类经济社会发展问题，承载力考虑的因素也由自然资源环境因素拓展至文化社会因素。近二三十年来，以人口、资源、环境与发展为核心的人地关系逐步成为地理科学、资源科学、生态学等学科研究的主要命题，资源环境承载力也成为自然资源开发利用、区域可持续发展、生态保护以及环境管理等领域的重要研究课题（Arrow et al.，1995；Schindler，1996）。特别是在中国，资源环境承载力已成为政府关注的重要议题，也是地理科学、资源科学、环境科学等诸多学科研究的热点问题。

在承载力应用领域，各学者根据所研究的承载力对象，对承载力给出了不同的内涵。结合目前国内资源环境领域承载力研究情况，资源环境承载力可定义为：资源环境承载力是从分类到综合的资源要素、环境要素等承载力的统称（封志明等，2017），具有动态性、相对性、多尺度、非线性等特征。资源环境承载力是指一定区域在一定时期内，在保障生态系统自我维持与调节能力良性发展的前提下，自然资源环境系统对区域主体功能（包括经济社会系统规模和结构等）可持续发展的支撑能力。自然资源环境系统为承载主体，提供资源供给、环境纳污、生态系统调节等支撑力；经济社会系统为承载客体，施加资源消耗、环境排污、生态服务等压力。

（二）资源环境承载力与国土综合整治的关系

资源环境承载力是衡量人类经济社会活动与自然环境之间相互关系的科学概念，是人类可持续发展度量和管理的重要依据。而国土综合整治则是促使人类经济社会活动和自然环境之间关系协调的重要手段，是促进人类可持续发展和管理的实施途径和重要手段。资源环境承载力与国土综合整治之间的关系可描述为：可持续发展是总目标，人是纽带，国土综合整治是可持续发展的实施手段，资源环境承载力是可持续发展的基石。纽带作用发挥得当，实施手段科学合理，则可构成良性循环，其结果是基石更稳、发展更快。资源环境承载力评价为国土综合整治部署提供基础和依据，国土综合整治的实施则可进一步提升资源环境承载力，二者共同促进可持续发展，统一于可持续发展体系中（图 5-1）。

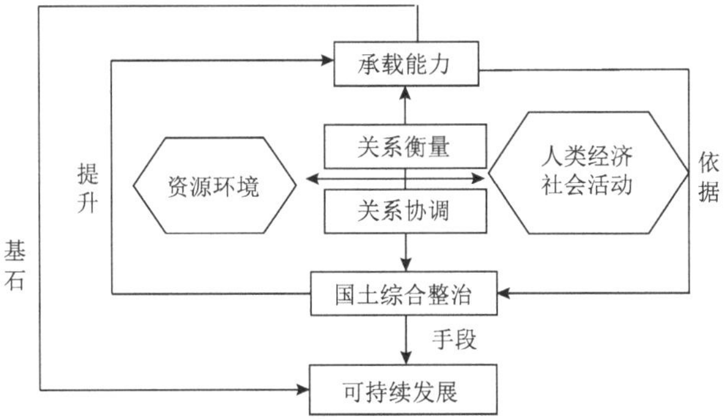

图 5-1　资源环境承载力与国土综合整治的关系

二、资源环境承载力研究现状

1. 资源环境承载力研究发展历程

纵观国内资源环境承载力评价研究，经历了从单要素评价到综合评价、由资源承载力评价扩展到环境和生态承载力评价的演变历程。从 20 世纪 80 年代开始，以中国科学院自然资源综合考察委员会成员为代表的一批学者开始开展土地资源承载力研究，并成为近 30 多年来资源、人口、生态等诸多领域的热点问题，20 世纪 90 年代后承载力研究逐步扩展到水资源、森林资源、海洋资源、矿产资源以及环境承载力、生态承载力等领域。

随着研究的深入，越来越多的学者认识到单一要素承载力研究的局限性和片面性，着眼于资源环境承载力的综合研究。《中华人民共和国国民经济和社会发展第十一个五年规划纲要》提出了“提高城市综合承载力”，资源环境综合承载力研究成为承载力理论研究的热点问题。由中国科学技术协会主编，于 2008 年出版的《中国城市承载力及其危机管理研究报告》基于 P-S-R 模型，采用单要素承载指数和综合指标体系两套方法对我国五大城市群承载力进行了评价。

近年来，随着科学发展观深入人心，加之自然灾害频发，从决策层到普通民众普遍认识到资源环境承载力评价对于地区人口规模、产业布局、城市规划等的重要指导作用，国内资源环境承载力研究开始逐步注重研究的应用性。2008 年汶川地震、2010 年玉树地震及舟曲特大山洪泥石流灾害灾后重建都把资源环境承载力评价作为重要基础和依据，之后承载力研究逐步推广到主体功能区规划、国土空间规划和社会经济发展规划中。2013 年十八届三中全会《中共中央关于全面深化改革若干重大问题的决定》中提出：“建立资源环境承载能力监测预警机制，对水土资源、环境容量和海洋资源超载区域实行限制性措施。”2015 年《中共中央 国务院关于加快推进生态文明建设的意见》以及随后发布的《生态文明体制改革总体方案》再次强调建立资源环境承载能力监测预警机制并提出了相关具体要求。2016 年 9 月，国家发改委、国家海洋局等 13 个部委联合印发《资源环境承载能力监测预警技术方法（试行）》。2017 年 9 月，中共中央办公厅、国务院办公厅印发了《关于建立资源环境承载能力监测预警长效机制的若干意见》，推动实现资源环境承载能力监测预警在评价标准、工作机制、管制政策等方面的规范化、常态化、制度化，有效发挥资源环境承载能力监测预警在空间治理方面的引导约束作用。

2. 资源环境承载力评价在国土规划与管理决策中的应用

当前推进的国土空间规划强调“在深入开展资源环境综合承载力评价的基础上，突出加强国土生态安全建设”。

（1）全国国土规划中的资源环境承载力评价与国土综合整治

全国资源环境承载力评价从国土开发的限制性“短板”要素入手，系统考虑了地形气候、地质环境、水土资源、生物环境和海洋环境等各类资源环境要素（表 5-1），识别国土开发的资源环境限制性要素及限制程度，揭示我国主要城镇化地区以及农业主产区国土开发受到的资源环境综合限制作用。通过综合研判区域国土开发的主导限制性因素，将国土划分为青藏高原生态安全限制区、西北水资源短缺限制区、东北优质耕地保护与生态安全限制区、华北水体污染与水资源短缺限制区、华东水体污染限制区、华中优质耕地保护限制区、西南地质灾害与土壤重金属污染限制区、东南大气污染与土壤重金属污染限制区八个区域。全国资源环境承载力评价为合理确定国土开发强度和规模、优化城乡建设和产业的空间布局提供了科学依据，为构建分类分级保护格局、“四区一带”国土综合整治格局提供了坚实基础，有力支撑了《全国国土规划纲要（2016—2030 年）》的编制工作。

表 5-1　资源环境限制性分析与国土综合整治方向

要素	限制对象	限制机理	原因分析	国土综合整治方向
地形地貌	城镇化开发、粮食生产	增加城市建设成本；给生态环境带来负面影响；引发地质灾害	自然地理	增加经济投入，实施工程改造
气候	城镇化开发、粮食生产	高寒缺氧、干旱地区增加人类生产和生活成本	自然地理	增加经济投入、技术投入
区域地壳稳定性	城镇化开发	地震等灾害造成人员、财产损失	自然地理	增加经济投入、技术投入；合理规划，防灾避险
突发地质灾害	城镇化、工业化开发	造成人员、财产损失	地形地貌、降雨等自然因素；不合理的人类开发活动等	合理规划，防灾避险
地面沉降与地面裂缝	城镇化开发	造成人员、财产损失	地下水过度抽取等	控制城市与人口规模；实施地下水回灌等工程措施
水资源	城镇化开发、粮食生产	影响人类生产、生存、生活活动	城镇化与工业化过度开发；水体污染	跨区域调水；控制城市与人口规模；调整产业结构
水环境	城镇化开发、粮食生产	影响人类生活质量，食品安全	工业化、城镇化过度发展，工业污水和生活污水排放	控制城市与人口规模；调整产业结构；增加经济投入、技术投入
耕地资源	城镇化开发、工业化开发	影响人类生产、生活	城镇化与工业化过度开发	高效集约；控制城镇化与工业化强度
土壤环境	粮食生产、城镇化开发	造成食品污染，影响人类生活质量	工业污染排放；污灌	调整产业结构；调整基本农田布局
生物环境	城镇化、工业化开发	破坏生态系统，造成生态灾难	不合理的人类开发活动等	合理规划；加强生态建设；避免高强度开发活动对生态系统的扰动
大气环境	城镇化开发、粮食生产	大气污染影响人类生活质量	能源结构、机动车尾气排放、工地扬尘、生态破坏	控制城市与人口规模；调整能源结构与布局；增加经济投入、技术投入
海岸带生态环境	城镇化开发、粮食生产	破坏海洋生态环境，造成生态损失	入海口污染排放，滩涂湿地过度开发	合理规划城市与工业布局，合理开发滩涂资源

（2）区域规划中的资源环境承载力评价与国土综合整治

综合省级和区域级国土规划、土地利用规划中的资源环境承载力评价与应用情况，通过对土地资源、水资源、矿产资源、生态环境等单因素机理评价及多因素综合评价，分析识别区域资源环境承载力的限制性因子，结合国土开发利用现状问题、适宜性分析，提出国土资源开发利用与环境保护建设的对策建议，为省级国土规划和土地利用总体规划中的战略布局、目标指标、经济社会发展模式、资源环境整治路径提供科学依据。

一是服务国土资源开发保护与经济社会发展目标指标制定。天津市在国土资源综合承载力评价的基础上，提出了本市国土资源开发理想模式系统，从经济指标、社会指标、资源指标和环境指标四个方面构建了理想模式系统的考评指标体系，并确定了指标的理想目标值。北京市通过土地资源承载力评价提出了北京市建设用地的生态适宜量为 2705 平方千米，存量改造潜力为 15 879 万～27 679 万平方米，并探讨了不同用水定额标准下的可承载人口规模（孟旭光等，2010）。

二是服务国土空间分区管理和差别化政策导向制定。辽宁省在资源环境承载力现状、未来预测评价的基础上，将全省划分为强承载力区、较强承载力区、中等承载力区和较弱承载力区，在总结各区资源环境特征的基础上，提出了各分区的发展方向建议，包括重点发展区域选择、产业结构生态化调整、工业规模调控、产业和城市空间布局等。北京市在土地资源承载力评价的基础上，提出北京市要改变单中心环形发展状况，促进“两轴—两带—多中心”城市空间结构的形成。

三是提出资源环境开发与保护战略和具体管理对策。天津市针对海洋资源、土地资源、水资源、矿产资源等不同自然资源的属性及开发利用情况，结合经济社会发展模式因地制宜地制定了国土资源开发利用战略方向，以及总量控制、有偿使用、强化治理和将资源环境纳入国民经济核算体系等具体管控措施。中原城市群在矿产资源承载力评价研究的基础上，提出了能源基地建设重大项目布局建议，并结合矿产资源开发利用对区域发展布局的影响，明确了各矿业重点发展区域的资源开发与环境整治方向和任务等。

四是提出经济社会发展对策、可持续发展模式建议。辽宁省针对当前全省资源环境承载力特征与问题，建议谋求经济的持续、适度和协调增长，进一步调整和优化经济结构，重点强化工业部门优化升级，促进中高端技术产业和产品发展，大力扶持民营经济、个体经济等非国有经济发展。北京市基于土地资源承载力评价结果，在农村剩余劳动力转移，户籍制度、养老保险制度及就业制度改革完善等方面提出了针对性建议。

第二节　资源环境承载力存在的问题

尽管资源环境承载力相关研究与应用在国内外起步较早，但一方面，受地域系统开放性、资源环境要素流动性、承载对象不确定性等研究难点的制约，理论方法方面存在许多尚未解决的问题；另一方面，成果的政策内涵不够，应用能力不强，资源环境承载力研究难以取得突破性进展。在实践应用中，资源环境承载力评价结果应用多停留在战略引导层面，对资源优化配置和生态环境准入、国土资源节约集约开发、国土空间开发格局优化等管理决策支撑力度不足。

一、对国土资源合理配置的指导力度有待加强

传统资源环境承载力研究重点关注“最大”或者“最优”人口数量规模，从全球和国家尺度转换为区域尺度后，区域系统的开放性、流动性等造成可承载人口上限在实践中屡屡被突破，指导管理决策效果不佳。之后资源环境承载力研究逐步转变思路，由绝对上限走向相对平衡，由人口、经济等承载

对象管控转向承载主体要素配置引导。但从实践来看，国土开发强度管控、建设用地总量指标的确定和分解，往往以开发建设现状和经济社会发展需求为主要依据，对可承载建设空间及其适宜性的考虑不足。资源环境承载力的区域空间差异，尚未成为国土资源配置中增量、存量、流量合理安排与部署的主要依据。资源环境承载状态评价，在节地、节水、节能、节矿等标准与准入门槛制定中的指导作用尚未得到有效应用。

二、对国土空间布局优化的引导作用未能充分发挥

从全国与试点国土规划编制实践来看，资源环境承载力研究一定程度上为国土开发、综合整治、分类保护等空间部署提供了战略引导，但总体上国土空间格局部署对资源环境承载力格局的体现依然较弱，集聚开发区与资源环境要素限制区的空间重叠度较高，由此又衍生一系列的国土综合整治需求。集聚开发空间是综合经济社会发展基础、战略导向和资源环境承载力的规划结果，资源环境承载力评价的适宜性作用在其中体现不足。具体到国土综合整治工作部署方面，局部地区存在国土综合整治工作未能有效瞄准核心的资源环境问题，或对多种资源环境问题缺乏统筹、协调安排，资源环境承载力评价的限制性作用在其中体现不足。究其缘由，一方面，资源环境承载力评价与国土空间开发利用、经济社会发展等各项工作结合不够紧密，导致承载力评价的成果对区域空间可持续发展战略布局的指导力度不强；另一方面，对资源环境承载力的重视程度不够也是不可忽视的原因。

三、对环境准入、红线管控等精细化管理支撑不足

耕地、水、环境、生态、海洋等要素承载力评价可为国土空间分类保护

确定数量底线、排污上限和空间红线，但以往资源环境承载力研究主要集中于宏观区域尺度，对于小尺度区域开展精细化的评价研究较少，因此在环境准入、红线划定等方面的精准应用不强。国土资源与空间精细化管理的发展趋势，要求资源环境承载力评价研究逐步细化评价单元，增强微观指导能力。资源消耗上限、环境质量底线、生态保护红线等管控红线的划定，“三生”（生产、生活、生态）空间布局优化、资源利用效率和空间准入标准制定等目标任务均要求资源环境承载力评价对区域资源环境要素的组合优劣程度、与地区发展主体功能的匹配程度等进行更加精确的度量，给出更加明确的开发利用或保护整治指向。

四、部门协作、信息共享的监测预警机制尚未建立

目前资源环境承载力侧重于静态评价研究，动态评价及预测预警研究较少，从监测、评价到预警的技术规范和标准体系等尚处于探索阶段，资源环境承载力监测预警体制机制尚未理顺。我国资源环境监测涉及国土资源部、环境保护部、农业部、水利部、住建部、国家林业局、国家海洋局等多个部门，各部门各自为政，造成监测工作严重交叉重复，同时出现了空白区域和真空地带。各部门均根据各自管理需要，建立了相应的资源环境监测网络，往往缺乏统一规划，造成基础监测能力重复建设，以及人力、物力和资源的浪费。各部门在监测内容、技术规范、评价标准等方面存在较大差异，从而严重影响了环境监测数据的整合和可比性。监测信息处于多头发布状态，造成资源环境监测信息混乱，对政府科学决策和宏观调控造成困难，急需建立全国范围的统一数据共享平台。各部门开展监测活动所依据的法律法规条款各有不同，有的甚至相互冲突，资源环境监测活动缺乏有效的法律保障，难以实施统一的监督和管理。因此，急需加强部门之间的衔接与协作，构建统一的资源环境承载力监测预警机制，共同服务于一张国土空间规划蓝图的绘制。

第三节 优化承载力评价与国土综合整治建议

一、强化资源环境承载力评价的目标需求导向

（一）国土综合整治对资源环境承载力评价的需求分析

近年来，随着国土空间开发利用矛盾日益突出，资源环境瓶颈约束压力加大，决策层和社会公众普遍认识到资源环境承载力评价对经济社会发展、城市化、产业布局调整、人口转移等具有重要意义和作用，汶川、玉树、舟曲等的灾后恢复重建规划均将其作为规划的基础和依据。从服务国土开发、利用、整治、保护的角度看，资源环境承载力评价可从以下五个方面提供基础支撑：一是为国土开发空间布局提供指引，引导城镇、产业、重大工程和基础设施布局在符合水土资源、环境容量、地质构造等的自然承载能力的区域；二是为国土资源开发、利用、保护指标制定提供依据，指导确定不损害自然资源环境系统的国土开发规模、强度和空间布局等；三是为区域“差别化”空间管治政策制定提供依据，指导建立差别化的资源开发利用“空间准入”制度以及“空间开发管治”策略；四是为国土综合整治提供目标靶区；五是找出综合承载力较强的区域，即可进行高强度国土开发与大规模人口集聚的“可能”区域（图 5-2）。

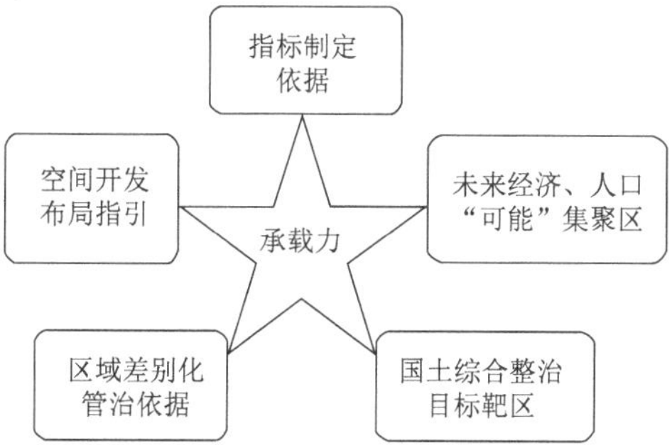

图 5-2 资源环境承载力对国土开发、利用、整治、保护的支撑作用

结合本书中国土综合整治的内涵和目标，资源环境承载力评价可从以下几个方面为国土综合整治提供基础依据和重要支撑：一是通过资源环境调查为国土综合整治提供基础本底数据；二是通过资源环境承载状态评价确定国土综合整治目标靶区；三是通过超载成因分析明确国土综合整治的重点方向及任务。综上，国土综合整治需要科学理解、充分应用资源环境承载力评价结果，资源环境承载力评价研究需进一步强化服务国土资源与空间规划、管理等应用指导能力。

（二）以应用目标导向引领资源环境承载力评价

针对以往资源环境承载力评价目标对象不明确的实际，以增强对国土资源空间开发格局、国土资源管理的指导性、实用性为导向，确定资源环境承载力评价的目标：一是全面厘清区域资源环境本底条件，科学评价不同主体功能下国土空间开发的适宜性和限制性，指引城镇化、产业发展、基础设施建设等布局，为制定资源环境区域差别化管理政策、优化国土空间开发格局提供基本依据；二是测度区域资源环境与经济社会发展的协调可持续状况，掌握区域资源供需保障程度与资源开发利用节约集约水平，为调整区域发展功能、优化国土资源配置、全面促进资源节约提供科学指导；三是全面把握资源环境开发利用状况及承载力空间布局，合理划定水、土、地质、生态等资源环境要素开发利用的数量“底线”或空间“红线”，为部署国土综合整治工程和项目、加强自然生态系统和环境保护提供有效引导。

根据资源环境承载力的内涵和目标导向，承载力评价分层次递阶推进：以自然资源环境系统禀赋条件分析为切入点，评价区域生态系统的自我维持与调节能力、资源与环境子系统的供容能力，即资源环境系统的支持力；核心任务是测度人类活动是否处于自然资源环境系统承受范围，资源环境供容能力与人类社会需求的平衡、匹配情况，即支持力与压力的综合结果；落脚于区域发展功能定位，确定区域发展限制性因素和可持续发展方向。

二、基于承载力单要素评价确定国土综合整治方向与任务

资源环境承载力单要素评价是国土开发空间准入、节约集约利用标准制定的直接依据。以资源环境承载力单要素评价结果为逻辑起点，将承载力现状评价结论与区域资源环境开发利用现状、经济社会发展需求进行对比分析，可从“保红线、严标准、优布局、调结构、控规模、挖潜力、重防治、强监管”等不同角度，为国土综合整治提出具有针对性的对策建议（图 5-3）。

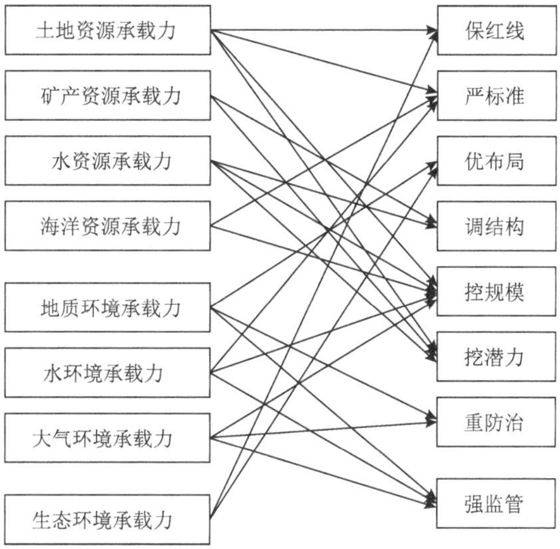

图 5-3　单要素承载力评价与规划管理对接重点

资源环境承载状态评价结果反映了地区发展功能与资源环境禀赋的协调匹配程度，能够有效测度国土资源开发利用方式是否集约合理，从而指导确定国土整治目标靶区、改进资源环境管理政策和制度、调整区域发展功能定位和战略。我们要充分应用资源环境单要素承载状态评价结果，提出单要素整治的方向与任务建议。

（一）土地资源

针对土地资源的核心功能和用途类型，分别开展耕地、城镇建设用地、

城镇工业用地、农村居民点用地承载状态评价，根据超载与否确定是否需要开展整治，并进一步确定整治方向和重点任务。

通过耕地资源人口承载状态评价，以确保口粮安全为准则指导耕地保护红线目标划定；将未超载、保障程度高的地区，确定为区域的粮食主产区、农产品优势区，作为部署高标准农田建设、农业生产生活设施配套、农村公共服务均等化等工程的重点地区；对耕地资源超载地区，实施更严格的耕地保护措施，严控建设占用耕地指标，部署中低产田改造等整治工程。

通过可利用土地资源开发强度、城镇建设用地人口承载状态评价，判断评价区域城镇建设用地节约集约利用程度，指导合理确定城镇化发展空间规模、协调土地城镇化率和人口城镇化率之间的关系、安排部署城镇土地综合整治、促进低效用地再开发等。针对开发强度超载、建设用地利用粗放的地区，重点安排城镇建设用地综合整治工程，挖潜低效用地，盘活闲置用地，促进现有土地二次开发和综合利用，缩减新增建设用地指标配置规模，提高整体用地效率和效益。

通过城镇工业用地经济承载状态评价，判断工业用地开发利用节约集约利用水平和产出效益水平，指导科学确定新型工业化发展用地需求规模、挖掘工业用地潜力、规范园区建设，以及改革完善工业用地出让模式、供给机制等政策。对于工业用地保障充足、承载指数较高的地区，根据区域发展主体功能确定差别化的整治方向。根据优化开发地区原则上不再新增工业用地数量的要求，开展各类工业园区和产业园区工业用地开发利用效益评价，部署低效工业用地综合整治，制定出台低效行业退出政策，探索调整工业用地出让机制、短期出租模式；重点开发地区则严格控制新增工业用地，推进各类园区产业项目用地集约化和规模化，严控新设园区和园区拓建，组织开展项目用地整合（整治），设置不同门类产业用地开发投入和产出准入门槛。对于工业用地保障不足、承载指数低的地区，可适度增加新增工业用地供给，有序引导园区拓建。

通过农村居民点用地人口承载状态评价，判断农村居民点用地节约集约利用水平和状况，指导挖掘农村居民点用地潜力、部署农村居民点用地综合整治、配套新农村建设、制定农村人口非农化和人地挂钩政策等。对于用地保障充足、承载指数较高的地区，严格控制农村居民点用地规模，有选择开展人地挂钩试点工程，配套部署农村居民点综合整治，挖潜农村存量建设用地，为新型城镇化、新型工业化和新农村建设提供建设空间，减轻耕地保护压力。对于用地保障不足、承载指数低的地区，按照居民点用地利用现状推进农村土地综合整治，开展新农村建设，促进乡村振兴。

（二）矿产资源

矿产资源承载状态评价聚焦于矿产资源对矿业生产活动的保障程度评价，筛选确定优势矿种门类和矿种在全国或区域范围内的优势度，以及矿产资源供应能否保障发展需求等。对于矿产资源静态保障年限短、资源开发和矿业生产持续性受限的区域，合理安排资源开采总量规模，引导矿产资源、矿山企业有效整合，大力开展矿山地质环境治理恢复和矿区土地复垦，开展工矿废弃地恢复治理，提升生产生活条件，推动资源型产业发展转型。

（三）水资源

水资源承载状态从人口承载、经济承载两方面分别进行考量。通过水资源人口承载状态评价，测度区域水资源的丰缺程度及其对人口集聚的保障程度，指导制定或调整开发利用效率红线。对于水资源保障不足的地区，严格执行用水定额管理、考评水资源利用效率红线，适度部署建设水利工程设施或跨区域调水工程等。通过水资源工业经济承载状态评价，判别区域工业用水节约集约程度和开发利用粗放状况，指导区域工业发展结构调整，引导新型工业化发展。对于用水保障充足、水资源利用粗放的地区，严格实施国家和区域确定的水资源工业开发利用标准；对于水资源保障程度不足的地区，分阶段提高地区工业用水效益准入门槛和准入标准，与工业用地开发准入标准相结合，引导开展工业结构调整和转型升级，建立水资源循环利用体系。

（四）水环境

通过水环境承载状态评价，判断区域水资源污染水平、水质和水生态状况。对于污染物排放超载区域和水环境严重污染区域，根据污染物来源、类型和影响范围，提出水环境综合治理的主要目标区域，指导部署生活饮用水安全保护工程、水污染防治工程，严控造纸、纺织、能源等高污染行业的生产规模和布局，调整产业结构和加快技术革新升级，完善河流、湖泊等水域水环境监测网络体系，强化水质监管。

（五）大气环境

通过大气环境承载状态评价，判断区域大气污染水平和大气质量状况，对于污染物排放超载区域和大气环境严重污染区域，根据污染物来源、类型和影响范围，提出大气环境治理的主要目标区域，指导部署大气污染监控体系、防治工程，严控钢铁、火电等高污染行业的生产规模和布局，推动调整产业结构和能源消费结构。

（六）地质环境

通过地质灾害风险等级评价，指导部署建立地质灾害防治体系和地质灾害治理工程等。对于地震和崩滑流等突发性地质灾害的高发频发区，对城镇建设或其他建设性项目要进行强制干预，采取搬迁避让或补救措施。确定地震等地质灾害的重点治理区和重点预防区，部署相应的治理和防治工程，以及监测网络和应急救援体系等。对于地面沉降高风险区，实施人工回灌等治理措施，严控地下水资源开采，严格控制耗水性产业的规模和进入，提高准入门槛。

（七）生态环境

通过生态系统重要性、脆弱性评价，识别重要生态功能区和退化地区的空间分布，明确国家或区域关于生态保护和生态恢复建设的现实需要，指导划定或调整生态红线、生态安全保障区、生态环境整治区。根据生态系统功能类型、退化类型和成因分析，确定生态保护、生态整治和建设的主要方向、重点任务及具体措施等。

（八）海洋资源环境

通过岸线、滩涂、渔业等海洋资源开发强度以及近岸海域环境、生态系统健康状态评价，判断海洋空间资源开发是否集约高效、海洋生物资源开发是否维持生态系统均衡、海洋环境与生态状况是否优良。对于海洋空间资源开发粗放、重复建设区域，要合理管控岸线资源开发利用规模，部署低效用地二次开发整治工程和项目，严控岸线用地准入门槛，提升节约集约利用水平，引导岸线码头泊位合理建设和布局，优化海洋经济结构；对于海域水质污染严重、典型生态系统不健康区域，确定海域生态环境综合治理的目标区域，根据污染物来源、类型和影响范围开展海洋生态环境整治行动，调整优化临港工业规模、结构与布局，协调岸线开发与环境保护关系，完善近岸海域水环境监测网络体系。

三、基于承载力区划确定国土综合整治目标区域

以服务国土综合整治为导向，开展资源环境承载力综合评价与区划，具体流程见图 5-4。通过资源环境承载状态单要素评价、综合集成与区划，将资源环境对经济社会发展的适宜性或限制性、保障程度与承载状态的评价结果落实到空间布局，是确定国土综合整治目标靶区和整治方向的直观空间表达。通过进一步开展归因分析，以超载地区作为目标区域，确定区域国土综合整治方向。主要划分如下。

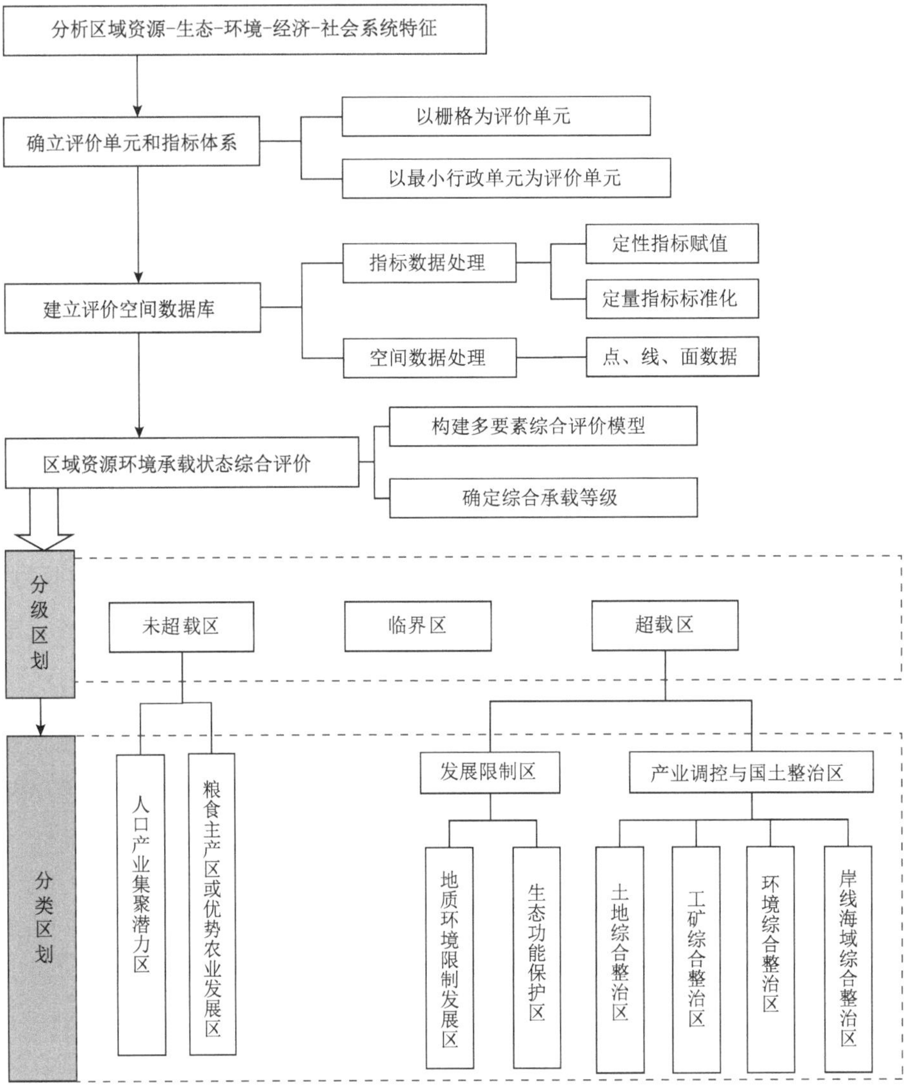

图 5-4　区域资源环境承载力分级-分类区划流程图

1）将生态系统功能退化为主导问题的地区划定为生态功能保护空间，以生态整治和恢复建设为整治方向。

2）将地质环境高风险地区划定为地质环境限制发展区，限制大规模城镇化建设和重大基础设施布局，以地质环境保护建设、地质灾害防治和搬迁避让为主要整治方向。

3）将土地资源超载为主要问题的地区划定为土地综合整治区，限制人口、产业进一步集聚以及高耗地产业发展，以农用地整治和建设用地整治为主要目标方向。

4）将能源资源开采保障程度不足、矿山地质环境与矿区土地破坏问题严重的地区划定为工矿综合整治区，以能源资源合理开采和保护、矿业产业转型升级、矿山地质环境治理恢复为主要整治方向。

5）将水资源与水环境、大气环境超载为主要问题的区域划定为环境综合整治区，限制高耗水、高污染产业发展，以水资源合理利用与保护、水/气环境污染防治为主要整治方向。

6）将海洋空间、生物资源超载以及海洋生态环境破坏污染严重的地区划定为岸线海域综合整治区，以海洋资源合理开发与保护、海洋生态恢复建设和污染防治为主要整治方向。

7）对于多要素超载的复合问题区域，注意协调处理好主要问题和次要问题的整治部署，注重整治资金、整治手段、整治措施、整治目标等的系统整合，提高整治效果。

四、加快推进资源环境承载力监测预警机制建立与实施

积极构建监测预警体系合作共建机制和成果信息共享机制，充分发挥相关部门专业优势，各部门全程参与、合作共建资源环境承载力监测预警体制机制。按照自然资源环境集中统一管理和信息共享的思路，以国土资源综合监测预警网络体系和信息服务平台为基础，协调农业、林业、环保、水利等部门各类资源环境专项监测系统，统筹构建资源环境承载力监测预警平台，实现国土空间与资源环境的综合监管和决策支持。所有参与部门共享资源环境承载力监测预警信息与成果，将监测预警信息与成果应用于指导各自的管理工作，推动国土综合整治的协作推进，提升资源环境监管质量和效率。建立资源环境承载力监测预警长效运行机制，定期向社会公众公布资源环境承载力监测预警信息，引导监督和全面推进生态文明建设。

第六章

自然资源产权制度与国土综合整治

第一节　自然资源产权制度的现状

一、自然资源产权的概念

自然资源产权，是对某一种类型自然资源的所有权以及由此派生出来的使用权、经营权、收益权、处分权等其他有关权利形态的统称，是对产权权利主体（包括政府部门、企业、其他组织和个人等）对某一种具体自然资源权利属性的清晰界定。根据自然资源特性，对在一定的时间和技术条件下，能够产生经济价值的矿藏、森林、草原等纯自然资源，可以规定一定的占有权、使用权、处置权和收益权。自然资源产权按资源种类可分为土地产权（地权）、水资源产权（水权）、矿产资源产权（矿业权、矿权或矿产权）、森林资源产权（林权）、海洋资源产权、其他资源产权等。

从广义上来说，自然资源产权范畴不仅包括以资源所有权为核心的涵盖所有权、使用权、收益权和处置权的一般意义上的财产权，还包括因其外部性和公共性而由国家代为管理的权利和必要的监管权，也包括其他主体与自然资源相关的权利，如生存发展权、健康权、观赏权等。产权权利是产权的核心，由一系列权利构成，包括上述所有权、使用权、收益权、处置权、生存发展权、健康权和观赏权等，这些权利又往往被称为“权利束”，其中最核心的是收（受）益权。

自然资源产权往往具有如下特性：①以固定资产产权为主，尤其表现为不动产产权；②以物权为主，同时表现为债权及股权；③是有形产权与无形产权的混合，具有突出的空间毗邻性、时间关联性和类别关联性特征；④权利束的可分离性，即往往发生自然资源所有权与使用权、收益权的分离，以及所有权与处置权的分离等。

二、自然资源产权制度的概念

自然资源产权制度是由一系列的具体制度组成的，是一套权属清晰、权责明确、监管有效、运行有序的制度体系。主要包括：

1）资源与生态环境产权界定制度。主要是对资源产权体系中的诸种权利形态及其归属做出明确的界定和制度安排，包括资源权利所属的主体以及对资源产权体系各种权利的分割或分配。

2）自然资源用途管制制度。对水流、森林、山岭、草原、荒地、滩涂等自然生态空间进行统一确权登记，监管使用方式，规定无论谁是自然资源所有者，都要按照自然资源用途管制规则进行开发。

3）资源环境市场制度。包括确认权利形态属性，从时间、空间、数量上予以明确规定，规范交易规则、交易方式、违规责任，构建自然资源产权市场，搭建权利交易平台。

4）自然资源定价制度。自然资源价格不仅要体现资源的级差租金，也要把生态环境外部性成本纳入价格体系中，甚至在将来还要考虑代际成本，这样才能促进自然资源的有效和可持续开发利用。

5)资源环境承载力制度。具体包括实施基于资源环境承载力的管理制度，建立资源环境承载力监测预警制度，以及建立自然资源资产负债表制度等，确保资源权利能够合理流转与配置。

6）自然资源监管制度。做好自然资源产权保护，需要对各种自然资源的权属流转，包括出让、出租、入股、联营、抵押、转让、转租等进行监管，保证市场的公平、公正，防止违规侵占、非法占有。

7）自然资源权利侵害责任制度。对资源权利造成侵害的，要落实责任，严格追究。包括建立对主要领导者有关自然资源状况的离任审计制度和自然资源损坏责任终身追究制度。

8）资源有偿使用和生态补偿制度。资源价值不仅体现其资源租金，其具有的提供生态服务与产品的能力也要予以补偿。清晰的资源产权是利益相关方开展生态补偿的前提。

三、我国自然资源资产产权制度发展历程

我国自然资源资产产权制度在从计划经济到市场经济的渐进过程中，大致经历了四个阶段。从总体上看，这种制度变迁在向有利于自然资源合理配置的方向演进。

1. 完全的公有产权阶段

中华人民共和国成立之后，我国确立了自然资源的公有产权制度。第一部《宪法》规定“矿藏、水流，由法律规定为国有的森林、荒地和其他资源，都属于全民所有”。国家所有权占据主导地位，在实际操作中，集体所有权客观存在，但并未在法律中得到确认。在此阶段任何政府行政调配以外的资源交易都被明令禁止。

2. 使用权的无偿取得与不可交易阶段

进入20世纪80年代，国家颁布了一系列规范自然资源产权的法律法规，如《土地管理法》《矿产资源法》《水法》等，标志着我国开始用法制来管理自然资源产权，并形成了以自然资源品种法律为结构体系的法律群以及各种资源产权制度。在所有权上，《宪法》第一次明确规定了自然资源的集体所有权，确定了公有产权的二元结构，同时实现了所有权和使用权的分离，打破了国有企业独揽使用权的局面。但使用者对资源的无偿取得，造成了对资源的掠夺性开发利用，国家和集体所有者权益受到侵犯。在这一阶段，资源的交易仍然被禁止。

3. 使用权的有偿取得与可交易阶段

20世纪90年代后，立法者开始注重资源所有者的利益。1982年《宪法》修改后提出“土地的使用权可以有偿转让”。土地使用权成为我国最早实现有偿使用与可交易的自然资源产权。这一时期，公有产权、私有产权相混合，公有产权占主导，但使用权和转让权则以有偿转让或协议等方式在不同主体间进行分配，这在一定程度上实现了国家生态效益与产权主体经济效益的激励相容。

4. 使用权的逐步健全阶段

党的十八大以来，全面推进各领域的深化改革，2013年召开的十八届三中全会做出的《中共中央关于全面深化改革若干重大问题的决定》中明确提出，健全自然资源资产产权制度和用途管制制度。对水流、森林、山岭、草原等自然生态空间进行统一确权登记，形成归属清晰、权责明确、监管有效的自然资源资产产权制度。《生态文明体制改革总体方案》中明确提出，建立统一的确权登记系统。坚持资源公有、物权法定，清晰界定全部国土空间各类自然资源资产的产权主体。对水流、森林、山岭、草原、荒地、滩涂等所有自然生态空间统一进行确权登记，逐步划清全民所有和集体所有之间的边界，划清全民所有、不同层级政府行使所有权的边界，划清不同集体所有者的边界。推进确权登记法治化。该方案还对建立权责明确的自然资源产权体系、健全国家自然资源资产管理体制、探索建立分级行使所有权的体制以及开展水流和湿地产权确权试点进行了探索。2016 年 12 月，国务院发布《关于全民所有自然资源资产有偿使用制度改革的指导意见》，提出了完善国有土地资源、水资源、矿产资源、森林资源、草原资源、海域海岛资源等的有偿使用制度。

土地、矿产、水、海域海岛等是国土综合整治的基本要素。自然资源产权制度是否健全和完善，直接影响着相关利益群体参与国土综合整治的程度和积极性。国土综合整治的资金投入责任、整治收益分配，以及整治项目的组织和后期管护等，也需要有清晰的自然资源产权制度作为前提。因此，有效推进国土综合整治工作，需要构建产权明晰、权能丰富、规则完善、监管有效、权益落实的自然资源产权制度。

第二节　自然资源产权制度存在的问题

一、相关法律制度不够健全

我国《宪法》规定矿藏、水流、森林、山岭、草原、荒地、滩涂等自然资源（由法律规定属于集体所有的森林、山岭、草原、荒地、滩涂除外）都属于国家所有，即全民所有。《物权法》也明确了矿藏、水流、海域、土地、森林、山岭、草原、荒地、滩涂等自然资源的所有权。但是这些法律对自然资源，特别是全民所有自然资源资产管理机构的权责、管理边界、功能定位等都没有明确的界定。矿产、土地、水、森林、草原等自然资源资产的管理主要是依据相关行政主管部门牵头制定的法规，多数具有部门倾向性，不利于整体开发利用和保护。并且这些法律法规也不够完善，不能完全适应现阶段自然资源统一管理的要求。

以国土资源部门的土地整治和矿山环境恢复治理两项工作为例。在土地整治方面，我国尚未构建完善统一的土地整治法律法规，土地权属调整与土地整治前后相关的法律比较欠缺，土地管理与整治过程中主要是凭负责人的主观意识行事。尽管与之相关的法律文件相对较多，但大部分都是土地整治规程或者原则，在土地权属确定、分配和协调土地权属纠纷时难以找到合理的法律依据，甚至土地整治权属的主体界定、调整管理、纠纷调处方式等都缺乏对应的规定。各个地方出现土地权属纠纷时，政府部门很难通过法律形式解决实际问题。

在矿山环境恢复治理方面，我国《环境保护法》和《矿产资源法》中有关于矿山废弃地生态恢复与治理的规定，《土地管理法》等专门性法律对矿山废弃地生态恢复与治理问题也有涉及，但多是些原则性要求，过于分散，且缺乏具体的可操作性措施。《矿山地质环境保护规定》在一定程度上弥补了《环境保护法》和《矿产资源法》规定上的不足，但它只是一部单行法规，法律效力和法律位阶低，未能在法律层面上为矿山环境保护和矿山废弃地的生态恢复与治理提供依据。缺乏国家立法层面上对矿山废弃地生态恢复与治理等矿山环境保护内容的规定，致使地方性的矿山环境保护立法缺少必要的指导和依据，立法混乱，且冲突严重，难以有效约束矿山开采行为和规范矿山废弃地的生态恢复与治理。

二、产权界定不明确

各类自然资源之间、各产权主体之间，往往存在不同程度的产权边界不清晰的问题，并由此导致自然资源产权主体之间的利益冲突，以及各类自然资源之间用途及监管责任的重叠或缺失等，进而影响到自然资源利用和收益分配的公平与效率。以土地资源管理为例，我国土地制度历经多次变化，农村地区土地权属关系复杂，不但集体土地与国有土地交错分布，而且乡（镇）、村、村民小组等农民集体之间的土地相互交叉；部分地区土地权属不清。尽管现行《民法通则》《土地管理法》对土地所有权等有明确规定，但在实际权属关系中依旧无法弄清农业集体经济组织所有权，加之我国利益主体多元化，导致此类现象在全国各地极为普遍。如果权利主体与产权关系无法明确，无法清晰界定土地权属，则土地整治、城市土地更新等相关国土综合整治工作就难以顺利开展。

三、管理边界不清晰

我国自然资源的管理职责分散在国土资源、环境保护、林业、农业、海洋、水利等不同的部门。一方面，各资源管理部门往往从本部门的利益出发，实施单项的管理工作，各自确定自然资源开发利用和保护整治工作，割裂了自然资源之间的有机联系，提高了协调统筹推进综合整治的难度，客观上造成自然资源管理缺乏系统整体性，不利于加强山水林田湖草的统筹规划和保护，阻碍了国土综合整治工作的实施。另一方面，实行部门化的分类管理，也出现了职责交叉问题。例如，水利部和国土资源部在地下水资源的监测和开发利用等方面、水利部和环境保护部在水环境管理等方面都存在职责交叉问题。

第三节　健全自然资源产权制度与国土综合整治建议

一、建立健全自然资源产权法律法规及相关制度

从法律上落实全民所有自然资源资产所有权，建立统一行使全民所有自然资源资产所有权人职责的体制、机制。一是建议通过设立国有自然资源资

产管理机构，整合分散在国土资源、水利、农业、林业等不同部门中的国有自然资源所有者职责，统一行使全民所有自然资源资产所有者职责。二是划清自然资源资产所有者和监管者的职责。按照国务院发布的《关于全民所有自然资源资产有偿使用制度改革的指导意见》，建立以有偿使用为核心的自然资源资产处置制度，维护所有者基于产权主体的占有权、使用权、收益权和处置权等各项权利，实现国有自然资源资产的保值增值。监管者按照相关法律法规和政策规划等，履行用途管制的职能，对涉及各类资源开发利用和保护整治等的行为进行监管，实现自然资源的可持续利用（福建省编办课题组，2017）。

针对当前国土综合整治情况，一方面，需要不断完善单项国土整治的法律法规。例如，在土地整治领域，需要健全土地整治权属的法律法规。完整的土地整治及其权属调整法律制度体系应该包括民事法律制度、经济法律制度以及行政法律制度。要做到“有法可依，有法必依”，加快制定和完善土地权属调整的有关法律法规、技术标准和行业规范。在矿山环境恢复治理领域，健全矿山环境法律法规，将矿山环境保护的方方面面都纳入法律的调整范围，并以可持续发展理论指导环境立法，制定专门的矿山环境保护法，并不断修订和完善，最终形成完善的矿山环境保护立法体系。对矿山废弃地恢复与治理的主体、程序、内容、管理、法律责任等都进行详细规定，推动和保障我国矿山生态环境保护和矿山废弃地的恢复与治理工作顺利进行。另一方面，在完善单项国土整治的法律法规建设的基础上，注重加强对生态文明建设体制的总体设计和组织领导。按照人与自然是个生命共同体的理念，加强国土综合整治方面的立法工作和制度建设工作，注重体现国土综合整治对象的系统性、综合性，为实现统筹山水林田湖草系统治理提供法律法规依据和政策制度保障。

二、理顺各级政府之间、政府与市场之间的关系

我国自然资源产权制度至今仍带有公共所有、政府管制的计划供给色彩，

自然资源产权市场运行基本还停留在公权市场阶段。必须明确政府在公共资源产权界定中的定位，从过去的集权式管理走向分权式管理，从政府单一主体的管理为主转向政府、市场、社会共同治理，加强政府职能转变，打造服务型政府。并通过法律手段在制度上明确规定公共资源的产权边界，理顺不同层级政府之间、政府与市场之间的关系。

理论上，对于全民所有自然资源资产，应当由中央政府代表全民统一行使所有者职权。但是为了便于管理和调动地方政府积极性，可以按照自然资源资产的种类及其在生态、经济、社会等领域的特征和重要性，实行中央与省、市、县等不同层级政府分级代理行使所有权的模式，划清不同层级政府自然资源资产管理的权限，明确管理责任清单。

自然资源是经济社会发展的基础，也是参与生产过程的必要投入要素，需要更好发挥市场在资源配置中的决定性作用。有些自然资源在生态、经济、社会中具有重要的地位，甚至对于国土安全具有至关重要的作用。因此，需要厘清政府和市场的关系。对于公益性较强的自然资源资产，需要发挥政府的绝对管制作用，通过建立国家公园等途径，由政府统一管理，重点做好保护工作；对于经营性较强的自然资源资产，可以充分发挥市场作用，通过市场主体的经营管理，实现资产的增值保值。

三、创新产权实现形式

注重通过创新产权实现形式来服务国土综合整治工作，在实施国土综合整治的项目区，可以探索自然资源资产的所有权、使用权、收益权相分离。例如，在投入财政资金实施国土综合整治工程中，按照现有制度，在开展土地整治或者历史遗留矿区矿山环境恢复治理等整治过程中，复林复绿形成的林木属于国有资产。但是项目结束之后，这些林木缺乏必要的维护，容易受到破坏，影响国土综合整治效果的长期保持。可以探索实行国家与当地群众共享林木收益权的形式，提高群众维护国土综合整治效果的积极性。

在自然资源产权明晰的前提下，还要注重发挥市场机制的作用，建立完善生态环境性交易制度和平台，通过创新自然资源产权制度，促进不同流域间、区域间、行政区间开展国土综合整治合作，提高各方参与国土综合整治的积极性。

第七章

国土空间管制与国土综合整治

第一节　国土空间管制现状

一、国土空间管制的概念内涵

“管制”一般是政府的强制性管理措施，由管制的客体、主体，管制的类别和范围，以及违反管制会受到的惩罚等要素构成。按此理解，国土空间管制的主体是政府，管制的客体是空间，管制的范围是空间用途。可以认为，国土空间管制是为制约人类几乎无限的开发建设欲望，对空间资源施以的管理与控制。它是通过划定区域内不同发展特性的类型区，制定分区开发标准和控制引导措施而采取的空间管理行为。

空间管制是政府实施空间资源配置的调节方式，其目标在于优化空间资源配置、协调多方利益主体、促进空间高效利用。这种管制是一种强制性的政府调控措施，违反国土空间管制应受到相应的处罚。通过实施强制性的国土空间管制，明确不同国土空间的地域功能，实施有利于提升地域功能的国土综合整治工程，实现国土空间有序开发和合理保护。

二、国土空间管制发展历程

现代意义上的国土空间管制源于空间规划。20 世纪初，德国最早将全国划分成若干个区域，并颁布了《德国城乡规划法》，进行全面的空间规划。随后，英国、法国、日本、荷兰、韩国等国家开始陆续进行全国性的国土空间规划，其空间管制也不断演化发展，如对农地的空间管制目标经历了从数量到质量，从生态到发展伦理的演化发展过程。

20 世纪 60 年代以前，国土空间管制的目标主要着眼于城镇历史文化古迹用地、城市绿地等公共用地保护和农地数量的保护。例如，美国于 1906 年开始通过土地用途专门分区管制来保护城镇内土地利用经济利益低、社会效益和生态效益高的文化古迹用地。在保护城市公共用地的同时，城市快速发展侵占农地，造成农地流失问题，也引起了公众的关注，美国也相应出台了一些农地保护措施。

20 世纪 60～70 年代，特别是 20 世纪 70 年代，全球发生了能源危机，进而引发粮食供给不足。一些国家的国土空间管制重点转移到农地数量和农地质量的保护上，并通过城市增长边界管理阻止城市扩张对农地的侵占。例如，美国通过区划（zoning）、斯托利指数分等（Storie Index Rating）和 LESA 农地质量评估系统，将农地分为限制发展的“绿地”（green land）和可发展的“白地”（white land），控制城市扩张侵占优质农地，以实现对优质农地数量和质量的保护。

20 世纪 80 年代，欧盟和北美地区针对粮食等农产品生产过剩，纷纷制定农业和农地休耕立法政策，用以保护农地生态。农地保护由数量、质量保护过渡到生态管护。例如，德国西南部巴登-符腾堡（Baden-Württemberg）

州的《保护区补偿实行办法》按生态环境保护强度，将整个区域分为四种限制区，并根据政府的“标准农地”测算受限程度和补偿份额。

进入 20 世纪 90 年代后，地球伦理（earth ethics）的浪潮引发了公众对环境敏感区管制的关注，国土空间管制开始着眼于大尺度、环境敏感区域土地的限制发展。例如，20 世纪 90 年代，美国为了缓解东北部各州高城市化水平下农地用途流转的巨大压力，开展了“保护储备计划”（Conservation Reserve Plan，CRP），试图通过提供补贴让土地所有者参与休耕，保护坡度较陡、水土流失严重等环境脆弱的农用土地。此外，比较典型的还有 2004 年加拿大安大略省的《绿带法》，2000 年荷兰的农用地用作自然保护区发展等（文兰娇和张晶晶，2015）。

三、我国国土空间管制现状

多数发达国家一般通过层级分明的空间规划体系来实施空间管制。中华人民共和国成立后，由于长期实行计划经济，基于时间序列的国民经济和社会发展五年计（规）划在各级政府中起主导作用。城市规划、区域规划等空间规划在计划经济时期也主要是为落实国民经济和社会发展计（规）划而开展的。政府过多关注直接的生产经营活动，而忽视空间管制工作。20 世纪 80 年代以后，我国开始重视国土空间管制工作，城市规划、土地利用总体规划等逐步将空间管制概念纳入各自的规划体系中。

当前，由于空间规划职能分散在不同部门，空间管制也呈现出多元化状态，涉及空间管制的主要有国土资源部、国家发改委、住建部等部门。其中，国土资源部主导的土地利用规划体系中划定了“三界四区”（规模边界、扩展边界和禁止建设边界，允许建设区、有条件建设区、限制建设区和禁止建设区），从土地用途、区位和规模指标等方面对国土空间进行空间管制；住建部主导的城镇体系规划和城市规划将空间管制内容规定为强制性内容，对不同层次的城乡建设行为进行差别化管制；国家发改委主导的主体功能区规划划定了优化开发区、重点开发区、限制开发区和禁止开发区，对不同区域的城镇化和工业化发展等实施差别化的区域管制政策（表 7-1）。

除上述三个空间规划的主管部门外，环境保护部、农业部、水利部、国家林业局等相关部委也在开展生态功能区规划、水环境功能区划、林业规划等相关规划编制工作，探索针对重要生态功能区、水资源和水环境、林地等空间的管制。空间管制逐步成为优化国土空间开发的重要手段。

表 7-1　主要空间规划的空间管制措施

规划类型	主体功能区规划	城市总体规划	土地利用总体规划
空间管制内容	四区	四区	三界四区
管制目标	引导区域与城乡有序发展	引导和控制城乡建设有序进行	严格保护耕地
区划单元	以行政边界为基础	以自然要素为主	以自然要素为主
空间管制区划	优化开发区、重点开发区、限制开发区、禁止开发区	已建区、适建区、限建区、禁建区	允许建设区、限制建设区、禁止建设区
管制措施	制定区域发展战略和政策	对建设行为进行管制	对土地用途、规模和位置进行管制

资料来源：根据林坚（2013）等绘制

中央推进全面深化改革后，为健全国土空间用途管制制度，国土资源部会同国家发改委、财政部、环境保护部、住建部、水利部、农业部、国家林业局、国家海洋局、国家测绘地理信息局等 9 个部门，按照中央《生态文明体制改革总体方案》有关要求研究制定了《自然生态空间用途管制办法（试行）》。2017 年 3 月，该办法经国务院同意，由国土资源部印发实施。

《自然生态空间用途管制办法（试行）》明确了空间用途管制的定位、模式、依据和方式等。在空间用途管制定位上体现了空间用途管制的综合性、基础性作用，按照“山水林田湖是一个生命共同体”的理念，协调现有各类空间用途管制的相关制度，将空间用途管制扩大到所有自然生态空间；在空间用途管制模式上，体现了分级分类管理的管制思路，但是还没有整合国土、农业、水利、林业等相关行政主管部门分散行使的空间管制管理事权；在空间用途管制依据上，以空间规划确定的城镇、农业和生态功能空间为依据，并协调衔接各类专项规划，明确细化空间管制；在空间用途管制方式上，弱化了指标层层分解控制，强化了以空间规划为依据，通过自上而下和自下而上相结合的方式实施空间用途管制。其中，“自下而上”主要是国家通过制定相关调查标准、生态保护红线划定、空间监管信息平台和空间管制规则等，确保上一级空间管制区域规划在下一级空间规划中得以落实，“自下而上”主要是通过在市县层级编制空间规划，划定永久基本农田保护红线、生态保护红线等，并纳入空间数据库和空间信息平台管理，作为实施空间管制的依据。

目前，国土资源部已选择福建、江西、贵州、河南、海南、青海等6个省开展省、市、县级自然生态空间用途管制试点工作。试点地区按照指定的试点方案有序推进相关工作。

第二节　国土空间管制存在的问题

当前，各部门、各层级的国土空间规划在管制内容、空间区划方法、实施措施和配套政策等方面缺乏沟通协调，容易带来国土空间管制矛盾冲突、国土空间管制绩效不足、区划单元和政策措施不能有效衔接等问题，影响国土空间管制和国土综合整治效果。

一、国土空间管制主体过多

当前，我国国土空间管制分属多个部门。国家发改委编制实施主体功能区规划、区域规划等，注重宏观战略性管制和地域功能性管制。国土资源部主导土地利用总体规划的编制实施，通过土地利用总体规划、土地利用计划指标等实施土地用途管制。住建部借助完善的城市规划体系，在城乡规划区内实施面向开发建设的空间管制。此外，水利部对重点流域、主要水域实施空间管制；农业部负责草原的空间管制；国家林业局承担林地、湿地等的空间管制。国土空间管制措施分散在各个部门，没有形成统一的国土空间管制主体。国土空间管制主体的多元化，一方面容易造成国土空间管制的混乱，影响国土空间的优化开发，带来空间开发无序、低效等问题；另一方面，影响国土整治的综合理念，各空间管制主体从本部门诉求出发开展的国土整治工作，易出现部门项目多综合项目少、单项整治多综合整治少等问题，不利于国土综合整治的开展。

二、缺乏统一国土空间管制分区

当前，各类国土空间规划依据不同的技术标准和技术路线，进行国土空间管制分区，从而形成地域分区、功能分区、政策分区等不同类型的空间管制单元。

以广西北部湾经济区为例，《广西北部湾经济区发展规划》《广西北部湾城镇规划纲要》《广西生态功能区划》等相关规划对北部湾经济区空间开发、产业发展、生态功能区等进行了空间发展分区，但各种国土空间规划对同一地区的空间分区目的、思路和结果等存在较大差别。例如，在国土空间管制分区上，《广西北部湾经济区发展规划》将国土空间划分为城市、农村和生态三类分区;《广西壮族自治区主体功能区规划》将国土空间划分为重点开发区、限制开发区和禁止开发区等类型;《广西北部湾城镇规划纲要》将国土空间划分为优化开发区、重点开发区、限制开发区和禁止开发区;《广西壮族自治区土地利用规划》及各市级土地利用总体规划将国土空间划分为城镇和工业发展区、基本农田集中区、农业综合发展区、生态环境安全和自然文化遗产保护控制区等。国土空间管制分区的差异既影响对国家重大战略部署的细化落实，也影响具体的国土空间开发和城乡建设活动，给不同层级之间、不同部门之间的国土空间管制工作带来障碍。

三、缺乏协调机制

除上述国土空间管制分区技术路线和分区类型外，各类国土空间规划的管制分区在管制理念和管制方式以及配套政策等方面也缺乏必要的衔接协调机制。例如，在国土空间管制分区的内涵上，主体功能区规划基于“区域开发强度”的理念，以行政单元为基准，进行区域开发强度的管制，并制定相应的政策体系，倾向于自上而下的区划方法和管制措施；城市规划以自然资源、文物保护单位等禁建、限建要素为基础，划定禁建区、限建区，再结合相关规划，划定适建区和已建区，采用的是自上而下和自下而上相结合的管制思维。土地利用总体规划是基于土地用途管制的理念对区内土地用途的转变提出不同程度的管控。各类国土空间规划对同一区域实施基于不同区划理念和管制方式的空间管制，彼此之间容易出现空间管制的重复、错位、缺位等问题，造成空间管理上不同程度的冲突和混乱。

第三节　优化国土空间管制与国土综合整治建议

健全国土空间用途管制制度是《生态文明体制改革总体方案》的一项重要目标，要构建以空间规划为基础、以空间用途管制为主要手段的国土空间开发保护制度，着力解决无序开发、过度开发、分散开发导致的优质耕地和生态空间占用过多、生态破坏、环境污染等问题。该项工作是实施国土综合整治的重要手段。

一、统一国土空间管制职能

当前我国对自然资源环境的管理侧重于资源要素和环境要素的管理。在资源管理方面，国土资源部、农业部、水利部、国家林业局等部委，按照各自职责承担土地、矿产、草原、水资源、林地、湿地等资源管理功能。在环境管理方面，环境保护部、国土资源部、水利部等部门也分别承担了大气环境、地质环境、水环境等环境管理的职能。需要针对我国水流、森林、草原、湿地、耕地等空间管制分属不同部门的现状，按照《生态文明体制改革总体方案》的要求，完善自然资源环境监管体制。将分散在各部门的有关国土空间管制职责，逐步统一到一个部门，由该部门统一行使所有国土空间管制职责。逐步理顺国土空间管制的层级和分工，确保中央及地方各级政府有效履行国土空间管制职能，破解部分区域空间管制交叉重复与部分区域空间管制缺失的局面，覆盖全部国土空间。

二、强化国土空间开发利用的准入管理

在资源环境承载力综合评价的基础上，结合地域功能定位和经济社会发展需求，明确生产、生活、生态空间开发界线。基于不同的空间功能实施差别化的资源环境准入和管理政策，以优化产业空间布局，提高区域建设开发活动空间准入决策科学性，对区域产业发展、产业布局、产业结构优化、项目准入、排污总量控制和污染减排等提出明确的、具有可操作性的规定和要求，促进国土空间开发与生态环境承载力相协调。

三、完善财政转移支付与生态补偿制度

国土空间管制是政府强制性地将不同特点的国土空间进行分区，区别对待不同国土空间分区的开发利用行为。其结果一方面使不同区域的比较优势得以发挥，另一方面会造成限制发展地区相关群体利益“暴损”，以及非受限土地的“暴利”现象，比如，由于土地规划和用途管制的刚性，限制发展区的土地不能由低效益的农用地转变为高收益的工商业用地，这部分土地失去

发展机会导致权利人利益受到“暴损”，而非限制发展区土地因规划管制可以将土地用途改为工商用地等土地收益更高的利用方式获取“暴利”。同样，生态保护地区的群体因服务于生态保护而使自身发展受限，但是产生的生态产品又供全社会共享。需要完善纵向的财政转移支付制度和横向的生态补偿制度，对管制受限区域进行补偿。

四、健全法律法规保障

当前，统一负责、覆盖全国国土空间的国土空间管制法律法规缺乏，协调空间管制的财政转移支付和生态补偿措施不够完善。需要研究借鉴发达国家和地区空间规划、自然资源管理、生态环境保护等方面的制度体系，总结分析各部门和地方现有国土空间管制相关制度成效与问题，研究国土空间用途管制制度边界及其与其他生态文明制度关系，研究国土空间管制的思路与方法，研究国土空间管制的制度支撑体系，制定和完善国土空间管制的指标体系、管制原则等。在上述研究的基础上，逐步完善国土空间管制法律法规，明确国土空间管制的内涵、客体、范围、指标体系、政策机制、生态补偿措施及监测保障体系等。

第八章

生态补偿机制与国土综合整治

第一节　生态补偿机制内涵与现状

一、生态补偿机制内涵

生态补偿是一种为保护生态环境，维护、改善或恢复生态系统服务功能，在相关利益者之间分配因保护或破坏生态环境活动而产生的环境利益及经济利益的行为。在形式上，生态补偿表现为消费自然资源和使用生态系统服务功能的受益人，在有关制度和法规的约束下，向提供上述服务的地区、机构或个人支付相应的费用。按照补偿资金的转移形式主要有中央对地方纵向财政转移支付形式的生态补偿和不同地区之间的横向生态补偿。

（一）纵向财政转移支付

目前中央对地方财政转移支付分为一般性财政转移支付和专项财政转移

支付。

一般性财政转移支付，是指上级政府对有财力缺口的下级政府，按照规范的办法给予的补助。一般性财政转移支付不规定具体用途，由下级政府根据本地区实际情况统筹安排使用。在一般性财政转移支付的具体构成中，均衡性财政转移支付是主体，主要参照各地标准财政收入和标准财政支出的差额及可用于转移支付的资金规模等客观因素，按统一公式计算分配。除均衡性财政转移支付外，一般性财政转移支付还包括基层公检法司转移支付、义务教育转移支付、基本养老金和低保转移支付、新型农村合作医疗转移支付等多项转移支付，这些转移支付主要用于解决地方政府基本公共服务方面的问题。

专项财政转移支付，是指上级政府为了实现特定的经济和社会发展目标，给予下级政府的资金补助，由下级政府按照上级政府规定的用途安排使用。专项财政转移支付主要根据党中央、国务院确定的政策，重点用于农林水、教育、医疗卫生、社会保障和就业、交通运输、节能环保等领域。纵向生态补偿是专项财政转移支付的一种。

（二）横向生态补偿

横向生态补偿是指对在某一区域内为保护和恢复生态环境及其功能而付出代价、做出牺牲的单位和个人进行经济补偿，这种经济补偿一般采用同级地方政府之间财政资金相互转移的制度安排。横向生态补偿需要在生态损益关系相对比较明确的区域之间开展，主要适用于主体相对较少的流域生态补偿、调水工程生态补偿和矿产资源开发生态补偿等类型。

建立横向生态补偿制度，是生态文明制度建设的重要组成部分。横向生态补偿制度可以成为纵向生态补偿制度的有益补充，缓解中央财政的生态补偿压力。通过横向生态补偿制度建设，可以积极发挥多元主体在区域治理中的作用。在横向生态补偿制度建设过程中，补偿方和受偿方的政府、企业、居民和相关的社会组织都会参与其中，充分体现了多元主体参与的特征，改变了过去主要依靠政府推进区域治理的模式。

通过横向生态补偿制度建设，可以按照生态区的理念完善区域治理体系，提升区域治理能力。生态区和行政区在空间上并不完全对应，而我国主要依照行政区推进区域治理，这样生态保护的外部性问题就难以解决，造成生态保护区缺乏生态保护的积极性，下游地区面对上游地区的污染排放又无能为力。横向生态补偿制度就是要解决生态保护的外部性问题，使生态保护区和生态受益区作为一个整体共同应对生态保护问题，在生态保护和环境治理方面形成合力。

生态补偿制度的完善为推进跨区域的国土综合整治工作提供了资金保障，为遵循“山水林田湖草是一个生命共同体”的理念进行生态环境综合治理提供了基础，有利于系统性、大范围地实施国土综合整治工作。

二、生态补偿机制现状

我国从 20 世纪 80 年代起先后在云南等地开展了多种形式的生态补偿实践探索，包括区域生态补偿、生态系统生态补偿和资源开发生态补偿等，涉及多个部门和地区。

（一）区域生态补偿

我国区域生态补偿模式目前主要以政府主导的财政转移支付为主，市场化的私人资金与社会资金投入较少，补偿模式主要包括财政转移支付、生态补偿基金、生态补偿税费等。

1. 财政转移支付模式

我国政府间采用最多的是纵向财政转移支付模式，这也是当前生态补偿最重要的渠道。横向财政转移支付主要发生在各区域之间，由生态受益区向生态服务供给区支付一定数量的补偿资金或以其他方式进行补偿，以此来协调生态经济关系密切的相邻区域间关系，横向财政转移支付是纵向财政转移支付的重要补充形式。

我国财政部政府预算收支科目中与生态环境保护相关的支出项目约 30 项，其中具有显著生态补偿特色的支出项目包括沙漠化防治、退耕还林、治沙贷款贴息等，占支出项目的 1/3。地方政府为激励生态环境保护和建设，也在尝试采取灵活的财政转移支付政策。例如，浙江省 2004 年制定《浙江省生态建设财政激励机制暂行办法》，将财政补贴政策、生态公益林补助政策、环境整治与保护补助政策和生态省建设目标责任考核奖励政策等作为主要激励手段；广东省 2006 年发布《广东省环境保护规划纲要（2006—2020 年）》，采取积极的财政政策，将生态补偿作为促进协调发展的重要举措，设立补偿山区的生态环境保护专项基金。

2. 生态补偿基金

生态补偿基金是指由中央与地方政府设立的专门用于支付生态建设和环境保护项目的专项财政资金，是各级政府各部门开展生态补偿的重要形式。目前，农业、林业、国土、水利、环保等部门采取一系列措施，设立了农田保护、生态公益林补偿、农村新能源建设、水土保持补贴等专项基金。

3. 生态补偿税费

生态补偿税费是市场补偿的形式，我国目前市场补偿主要有排污权交易、水权交易和碳汇交易等模式。

排污权交易是以市场为基础的经济制度安排，是实行总量控制的有效手段。我国自 20 世纪 90 年代开始为了控制酸雨而引入了排污权交易制度。首例二氧化硫排污权交易在江苏省南通市实施后，陆续在浙江、江苏、北京、天津、上海、河北、内蒙古等地试点，取得了较好成效。

水权交易制度是指政府依据一定规则把水权分配给使用者，并允许水权所有者之间自由交易。我国已经在一些流域基本构建了水权交易制度，主要包括跨行业水权交易、上下游水权交易等形式。例如，浙江义乌-东阳的水权转让，甘肃张掖农民用水户的水票制度，绍兴–慈溪水权交易，北京密云水库水权交易，以及海河流域的永定河、福建晋江、江西鄱阳湖、广东东江、甘肃石羊河等初始水权分配试点。

碳汇交易指发达国家或地区通过碳汇交易平台，支付费用向发展中国家或欠发达地区购买碳汇指标的行为。2014年国家林业局出台《关于推进林业碳汇交易工作的指导意见》，支持国内外相关机构、企业、团体、个人参与林业碳汇交易，重点探索推进碳排放权交易下的林业碳汇交易。此后，浙江、广东、福建等地开展了碳汇交易试点。目前中国正在分阶段稳步推进全国碳市场建设，并将启动全国碳排放交易体系。

（二）生态系统补偿

1. 森林生态效益补偿

森林生态效益补偿始于20世纪80年代中期。我国政府与相关部门高度重视森林生态效益补偿问题，颁布了一系列法规，逐步建立了森林生态效益补偿制度，如山西、福建、江西、山东等省近年来结合各地实际，纷纷开展生态公益林生态补偿的调查和问题研究。通过退耕还林、天然林保护、植树造林，全国森林覆盖率从2000年的16.5%提高到2015年的26.24%。

2. 自然保护区生态补偿

建立自然保护区是进行生物多样性保护和生态服务功能恢复的重要措施之一。2001年，中央财政设立森林生态效益补助资金，在河北等11个省（自治区）的658个县级以上单位和24个国家级自然保护区进行补助试点，平均补助75元/（公顷·年），为我国各种类型的自然保护区建立生态补偿机制提供了范例。

3. 生态建设重点工程补偿

我国生态建设重点工程包括天然林保护、退耕还林（草）、退牧还草、京津风沙源治理、野生动物保护、自然保护区建设等。

（1）天然林保护工程

天然林保护工程于1998～1999年开展试点，2000年正式启动，主要通过天然林禁伐和大幅度减少商品木材产量，有计划分流安置林区职工等措施来解决我国天然林的休养生息和恢复发展问题，1998～2010年，投入资金1.064亿元，补偿标准为封山育林210元/（公顷·年），飞播造林750元/（公顷·年），人工造林长江上游地区3000元/（公顷·年）、黄河上中游地区4500元/（公顷·年）。

（2）退耕还林（草）工程

退耕还林（草）工程于1999年开始试点，2002年正式全面启动，主要通过对陡坡耕地和沙化耕地实施退耕还林（草），解决重点地区的沙地流失和风沙危害等问题，国家对退耕地农户按标准进行了经济补偿，补偿标准包括日常开支补助费300元/（公顷·年），种苗补助费750元/（公顷·年），粮食补助黄河上中游地区1500千克/（公顷·年）、长江上游地区2250千克/（公顷·年）。

（3）退牧还草工程

退牧还草工程于2003年启动，主要是按照以草定畜的要求，严格控制载畜量，在退化的草原上通过围栏建设、补播改良及禁牧、休牧、划区轮牧等措施实现草畜平衡和牧民生计转移目标。2000～2015年，中央财政共投入120多亿元资金用于天然草原的保护和建设，实施了退牧还草、人工种草、饲草料基地建设、草原围栏等工程。2016年，国家发改委、农业部发布《关于下达2016年退牧还草工程建设任务的通知》，在该通知中调整了退牧还草工程建设投资补助标准：围栏建设青藏高原地区每亩补助由20元提高到30元，其他地区由16元提高到25元；退化草原改良每亩补助从20元提高到60元；人工饲草地每亩补助由160元提高到200元；舍饲棚圈（舍储草棚、青贮窖）补助由3000元提高到6000元，舍饲棚圈补助根据实际情况不得高于中央投资补助测算标准的30%；黑土滩治理每亩补助由150元提高到180元；毒害草退化草地治理每亩补助由100元提高到140元；岩溶地区草地治理每亩补助由 100 元提高到 160 元。

（4）京津风沙源治理工程

2000 年 3 月启动了京津风沙源治理工程，旨在改善京津及其周边地区生态环境，遏制沙尘暴。主要措施包括对现有植被的保护、封沙育林、飞播造林、人工造林、退耕还林、草地治理等生物措施和小流域综合治理措施等。通过实施上述措施，工程区可治理的沙化土地得到基本治理，生态环境明显好转，风沙天气和沙尘暴天气明显减少，从总体上遏制了沙化土地的扩展趋势，使京津周围生态环境得到明显改善。2001～2015 年，荒漠化面积减少到 263.6 万平方千米，重度和极度荒漠化面积减少了 24.6 万平方千米，土地沙化面积从过去每年增加 3400 平方千米，转变为每年减少 1300 平方千米。

（三）资源开发生态补偿

我国自然资源开发由各管理部门征收资源费，包括水资源费、矿产资源费、耕地占用费等，主要用于资源勘探与调查、资源保护和其他相关的资源管理工作等。

1. 水资源有偿使用制度

2002 年修订的《水法》第四十八条规定：直接从江河、湖泊或者地下取用水资源的单位和个人，应当按照国家取水许可制度和水资源有偿使用制度的规定，向水行政主管部门或者流域管理机构申请领取取水许可证，并缴纳水资源费，取得取水权。2006 年 4 月 15 日起施行的《取水许可和水资源费征收管理条例》进一步健全和完善了取水许可制度，增加了水资源费征收管理方面的规定，明晰了水资源费的征收主体，完善了水资源费征收和缴纳的程序，规范了水资源费的分配和使用，落实和健全了我国水资源有偿使用制度。

2. 矿产资源有偿使用制度

我国矿产资源有偿使用制度主要包括三个部分：第一是资源税，按应税产品的产量和规定的单位税额计征；第二是资源补偿费，按矿产品销售收入的一定比例征收；第三是采矿权使用费和探矿权使用费，按采矿区或勘探区块面积逐年缴纳。目前，财政部、国土资源部等相关部门正在进行矿产资源有偿使用制度改革，不断完善矿业权有偿出让、矿业权有偿占有和矿产资源税费等制度。

3. 矿山地质环境治理恢复基金制度

2006 年财政部、国土资源部、国家环境保护总局联合印发《关于逐步建立矿山环境治理和生态恢复责任机制的指导意见》，要求矿山企业依据新矿山设计年限或已服役矿山的剩余寿命，以及环境治理和生态恢复所需要的费用等因素，确定按矿产品销售收入的一定比例，分年预提矿山地质环境治理恢复保证金。按照“企业所有、政府监管、专款专用”的原则，由企业在地方财政部门指定的银行开设保证金账户，并按规定使用资金。地方财政部门会同国土资源、环境保护行政主管部门对企业预提的矿山地质环境治理恢复保证金进行监管。截至 2013 年底，我国 31 个省份（不含港澳台）均已全面建立并实施了矿山地质环境治理恢复保证金制度，且以人民政府令或部门联合发文的文件形式出台管理办法。

2017 年 11 月，财政部、国土资源部、环境保护部三部门联合发布《关于取消矿山地质环境治理恢复保证金 建立矿山地质环境治理恢复基金的指导意见》，取消原有的保证金制度。今后会通过基金的方式筹集治理恢复资金，矿山企业仍应承担矿山地质环境治理恢复责任。

4. 耕地保护补偿机制

在我国现行耕地保护补偿机制中，补偿主体包括中央政府、未承担相应耕地保护任务地区的地方政府及非农企业、其他社会组织和公民；补偿客体是耕地；补偿对象为农户、农村集体经济组织和过多承担耕地保护任务地区的地方政府。耕地保护补偿以货币补偿为主、其他补偿为辅。

我国耕地保护补偿机制有两种。一是制定以提高耕地综合生产能力为主要目标的投资政策及开展相关国土整治工作，包括国土资源部门开展的土地整理、土地复垦、基本农田建设等，农业部门实施的“沃土工程”“测土配方施肥”等，水利部门实施的小型农田水利和水土保持补助等；二是全面推开农业“三项补贴”改革工作，将原有的种粮农民直接补贴、农作物良种补贴和农资综合补贴合并为农业支持保护补贴，支持耕地地力保护和粮食适度规模经营，通过直接发放耕地地力补贴资金，提高农民保护耕地的积极性。

第二节　生态补偿机制存在的问题

我国生态补偿机制正在逐步建立和完善，但在实际执行中也出现了一些问题。例如，相关法律法规呈现出“碎片化”状态，可操作性差，管理体制上存在利益多元化和多样化现象等，给生态保护带来不利影响。

一、没有统一的法律和政策，生态补偿管理部门多元化

目前，涉及生态补偿内容的相关政策有天然林保护工程、退耕还林（草）、退牧还草、矿产资源税及矿产资源补偿费、水资源费、耕地占用补偿、流域治理与水土保持等十余项。政策的制定者既有中央政府也有地方政府，各级政府往往由不同部门主导政策的制定和执行，没有形成统一的法律法规和政策体系。林业、环保、农业、水利、财政、发展改革等不同部门往往根据部门的职权和利益开展生态补偿工作。各部门关注的焦点和领域有所不同，从而造成不同行政区域和流域之间的生态补偿概念、生态补偿标准和具体的操作方式等存在不一致。相关的政策措施也往往忽视生态系统的整体性，造成生态保护和环境治理的局部性项目多、综合性项目少。

同时，很多生态补偿没有成为规范化、制度化的工作，各地的补偿或补

助政策大多取决于决策者的意愿及年度财政预算状况。因此，急需逐步建立健全生态补偿立法，形成生态补偿政策体系。

二、补偿主体单一，纵向补偿为主，横向补偿较少

我国生态服务的提供者集中在西部,而生态服务的受益者集中在东中部，生态服务提供者和受益者在地理范围上的不对应，导致西部生态服务提供者无法得到合理补偿，形成少数人负担、多数人受益，上游地区负担、下游地区受益，贫困地区负担、富裕地区受益的不合理局面。现阶段我国的生态补偿属于政府主导型，政府是实施生态补偿的支柱性力量，纵向财政转移支付占绝对主导地位。中央财政对生态保护地区因保护生态环境而影响经济发展的机会成本，或承受历史遗留生态环境问题给予了一定的补偿。但是，区域之间、流域上下游之间、不同社会群体之间的横向转移支付微乎其微。

三、缺乏利益相关者参与，补偿效果不佳

生态补偿政策涉及众多利益相关者。但是在生态补偿相关政策的制定过程中缺乏利益相关者广泛参与的机制和实现途径。例如，我国东部一些沿海省份在部分流域内开展了生态补偿试点，对生态保护和环境污染防治发挥了较大的作用。但在政策制定过程中缺乏利益相关者的充分参与，没有广泛听取利益相关者的意见，因此造成补偿措施公众接受度低，实施效果差，甚至引发补偿对象的反对，有违生态补偿的初衷。此外，在补偿标准制定过程中缺乏基于市场的分析和评价，造成补偿标准严重背离现实，存在补偿标准过低等问题，影响了生态补偿政策的实施效果。

四、补偿机制不完善，地方实践存在理论和技术盲区与障碍

尽管我国现已开展许多针对生态补偿的探索性尝试。但总体来说，生

态补偿普遍面临补偿机制不完善等问题，许多重要的跨界流域和生态功能区的生态补偿机制尚未建立。同时由于生态补偿研究本身的复杂性和我国发展阶段的局限性，许多地方的实践带有一定的盲目性。大部分地区主要根据政府的财政承受能力来决定生态补偿标准，没有运用一定的理论方法与技术手段进行测算和评估，补偿标准随意性较大，缺乏科学依据。还有些地方政府仅是想办法以“生态补偿”的名义筹集资金增加财政收入，而不是用在真正意义上的生态补偿。对于矿产资源开发的生态补偿，个别地区以收费或押金制度简单替代生态补偿机制，免除了矿业开发者治理和恢复生态环境的责任。

第三节　完善生态补偿机制与国土综合整治建议

一、建立健全生态补偿相关法律法规

加快生态补偿立法，研究制定生态保护补偿条例，鼓励各地区依据法律法规制定地方规范性文件。通过不断推进生态保护补偿制度化和法制化，明确生态补偿责任和相关主体的义务，确立生态补偿的原则、程序、资金来源、组织机构、补偿效果检验和监督等，建立具有可操作性的生态补偿机制。通过生态补偿机制，募集国土综合整治资金，为改善区域生态环境质量提供资金保障。

二、形成多种形式的生态补偿途径

按照“谁开发、谁保护，谁受益、谁补偿”的原则，进一步明确责任与义务，探索建立由中央财政、地方财政和市场资金组成的多层次、多渠道的

全社会共同补偿机制，特别是不断完善区域间横向生态补偿机制，使生态补偿能够落实，真正调动生态保护的积极性，推进相关区域的可持续发展。

一是不断完善水、土地、矿产、森林、海洋等各类资源税费的征收及使用管理办法，提高各项资源税费用于生态补偿的比重。通过财政转移支付，加大对生态功能区的生态补偿力度，特别是加大对欠发达地区、重要生态功能区、水系源头地区、少数民族地区的倾斜力度，从根本上遏制这些区域生态退化和贫困化的恶性循环。

二是建立生态补偿分级体制和生态补偿基金。针对各区域情况，实施生态补偿分级制度，国家级生态补偿主要针对影响全局生态安全或者具有重要生态屏障作用的区域；各级地方政府根据区域生态安全的需要，制定区域性生态补偿制度。鼓励各地探索建立多样化的生态补偿基金，为区域实施生态补偿提供资金支持和经济保障。

三是建立和完善市场化机制。通过建立纯市场（回收利用、节能服务等）、政府购买的合同市场（城镇污水处理、垃圾资源化处置等第三方治理）和人造市场（排污权、碳排放权交易等）等形式，拓宽生态补偿资金的融资渠道。

三、加快完善生态补偿标准体系建设

综合考虑生态效益贡献者的直接投入和机会成本、生态效益受益者的获利、生态效益受到破坏的恢复成本、生态系统服务的价值等因素，科学确定生态补偿标准，形成生态补偿标准体系。通过明确生态补偿的控制变量，提高可操作性和可执行性，减少或消除自由裁量空间，确保生态补偿真正用于生态修复和生态保护。

第九章

国土综合整治相关新探索

第一节　国土资源部门国土综合整治新探索现状

近年来，国土资源部门充分发挥国土资源管理在生态文明建设全过程中的源头管控作用，不断加强国土综合整治的理论与实践探索。在理论研究方面，加强资源环境承载力评价与监测预警研究，充分利用卫星遥感等空间信息技术手段，将土地、矿山、地质环境各类监测机制和网络联动起来，建立统一的国土资源监测网络预警机制，严密监测资源数量和质量、生态环境、国土开发强度和国土空间格局动态变化。在制度建设方面，以产权制度、用途管制制度、节约集约利用制度、资源有偿使用制度为重点，完善国土资源保护利用制度。在实践探索方面，加强耕地占补平衡、土地整治、城乡建设用地增减挂钩、低丘缓坡等未利用地开发、地质灾害治理、矿山地质环境管理、工矿废弃地复垦利用、绿色矿山等工作的统筹协调，推动实施国土综合整治和修复。其中，以耕地占补平衡、城乡建设用地增减挂钩与工矿废弃地复垦利用尤为典型。

一、耕地占补平衡

（一）政策梳理

为保护稀缺且由于建设占用而迅速减少的耕地资源，1997 年中共中央、国务院发布《关于进一步加强土地管理切实保护耕地的通知》，首次提出了实行占用耕地与开发、复垦挂钩的政策。1998 年“耕地占补平衡”被写入《土地管理法》。国土资源部在 1999 年和 2001 年分别发布了《关于切实做好耕地占补平衡工作的通知》和《关于进一步加强和改进耕地占补平衡工作的通知》，对耕地占补平衡工作中涉及的相关问题予以明确。

针对耕地占补平衡过程中重数量平衡、轻质量平衡的问题，2004 年国务院《关于深化改革严格土地管理的决定》提出，补充耕地的数量、质量实行按等级折算。为更好地落实耕地占补平衡制度，党的十七届三中全会又提出耕地实行先补后占。国土资源部在 2009 年出台的《国土资源部关于全面实行耕地先补后占有关问题的通知》提出，有条件的地区可积极探索耕地占补平衡市场化运作方式。浙江、广东、江苏等地针对在县、市范围内无法实现耕地占补平衡的情况，在全省范围内实行了异地占补平衡指标市场化交易政策，提高耕地开发补充的效率，并且取得了较好的效果。

2014 年国土资源部《关于强化管控落实最严格耕地保护制度的通知》强调，建设占用耕地要“占优补优、占水田补水田、数量质量并重”，确保耕地面积稳定，保证行政区域内耕地面积不减少、质量不降低。

（二）核心政策介绍

1. 建设用地项目补充耕地与土地开发整理项目挂钩制度

2000 年国土资源部下发的《关于加大补充耕地工作力度确保实现耕地占补平衡的通知》，首次提出了建立建设用地项目补充耕地与土地开发整理项目挂钩制度，并明确了在建设用地项目补充耕地方案中必须注明补充耕地项目名称、范围和补充耕地的地块位置。国土资源部《关于进一步加强和改进耕地占补平衡工作的通知》进一步对该制度进行了强调。

2. 台账制度

台账制度是督促建设单位履行耕地占补平衡义务的必要手段，是实现按建设项目进行耕地占补平衡考核的基础。2001 年，国土资源部规定自 2002 年起，国土资源部和省级国土资源主管部门将分别设立国务院和省级人民政府依法批准的农用地转用中耕地占补平衡的登记台账。台账内容包括：建设项目和补充耕地项目名称、编号、位置、补充耕地面积、地块图幅号、资金落实及项目进展情况等。

3. 补充耕地储备库制度和先补后占制度

补充耕地储备库制度是指将区域内所有尚未挂钩使用的补充耕地指标储备起来，具体包括国家级、省级、市级、县级四个级别。2000 年，国土资源部首次提出了建立建设用地项目补充耕地储备制度，建立国家级、省级、市级、县级不同层次的土地开发整理项目库，并先后制定了《国家投资土地开发整理项目实施管理暂行办法》《国土资源部土地开发整理若干意见》等政策文件，对补充耕地储备库管理要求予以了明确。

4. 耕地占补平衡考核制度

耕地占补平衡考核制度是耕地占补监管体系的最后环节，是督促落实耕地占补平衡的有力手段。2002～2006 年实施的区域考核无法解决个别建设项目不履行占补平衡义务、考核结果与用地审批无法衔接等问题。为此，自 2006 年起，按照《耕地占补平衡考核办法》《关于严格考核耕地占补平衡有关问题的通知》的相关规定，开始实行按项目考核，将考核内容细化为资金落实、项目挂钩、项目管理、项目验收、补充耕地数量、补充耕地质量、补充耕地变更调查或登记、执行补充耕地方案等八项标准，在此基础上进行综合评价。通过按项目考核有力确保了建设单位依法履行补充耕地法定义务，但对违法用地、考核结果与年度变更调查结果相冲突、补充耕地质量不高等具体问题难以解决。

5. 耕地耕作层土壤剥离利用

耕作层表土剥离再利用是充分利用现有资源，迅速提高补充耕地质量的有效措施。《土地管理法》第三十二条规定：县级以上地方人民政府可以要求占用耕地的单位将所占用耕地耕作层的土壤用于新开垦耕地、劣质地或者其他耕地的土壤改良。2000 年国土资源部下发的《关于加大补充耕地工作力度确保实现耕地占补平衡的通知》规定：在有条件的地区，建设用地项目占用耕地时，耕作层应剥离集中堆放，用于土地开发整理项目，提高新补充耕地的质量。受耕作层表土运输成本高等因素的影响，该项工作进展较为缓慢。直到 2016 年 3 月，广西壮族自治区在全国率先发布《关于非农建设占用耕地耕作层土壤剥离利用工作的指导意见》，部署了耕作层土壤剥离的工作目标、实施范围以及相关政策措施等。

6. 易地占补、补充耕地指标市场化

易地占补是指在耕地占补平衡工作中，由于耕地后备资源匮乏等原因，难以在本行政区域内做到耕地占补平衡的，在异地补充耕地，最终实现耕地的建设占用和补充平衡。党的十七届三中全会做出的《中共中央关于推进农村改革发展若干重大问题的决定》指出："不得跨省区市进行占补平衡。"当前的易地占补平衡是指省域内的平衡。国土资源部《关于进一步加强和改进耕地占补平衡工作》规定，针对个别市、县确因耕地后备资源匮乏，难以在本行政区域内做到耕地占补平衡的，可向上级国土资源管理部门申请，在省域内进行易地补充耕地，并对易地补充耕地工作的程序、费用标准、与土地开发整理复垦计划衔接等做了规定。

（三）政策特征

耕地占补平衡政策的出台，是基于 20 世纪 90 年代，建设占用大量耕地、土地闲置严重、耕地保有量锐减的境况而做出的。从总体上看，耕地占补平衡政策出台后，在全国各行政区的执行情况良好。耕地占补平衡政策确保了我国耕地面积基本保持稳定，为此后粮食产量实现连年增长提供了基础保障。但是该项工作也暴露出一些问题，主要体现在补充耕地过分倚重后备资源的开发，耕地开发过程中缺少对生态环境保护影响的评价机制，进而产生新的生态环境问题。部分地区存在补充耕地质量较低等问题。

二、城乡建设用地增减挂钩

（一）政策梳理

从 20 世纪 90 年代后期开始，一些地方相继采取建设用地置换、周转和土地整理折抵等办法，盘活城乡存量建设用地，解决城镇和工业园区建设用地不足问题。为了引导城乡建设集中、集约用地，解决小城镇发展用地指标问题，2000 年 6 月中共中央、国务院《关于促进小城镇健康发展的若干意见》（中发〔2000〕11 号）提出，“对以迁村并点和土地整理等方式进行小城镇建设的，可在建设用地计划中予以适当支持”，“要严格限制分散建房的宅基地审批，鼓励农民进镇购房或按规划集中建房，节约的宅基地可用于小城镇建设用地”。

为贯彻落实上述文件，国土资源部随后发出《关于加强土地管理促进小城镇健康发展的通知》（国土资发[2000]337 号），该通知第一次明确提出建设用地周转指标，“主要通过农村居民点向中心村和集镇集中、乡镇企业向工业小区集中和村庄整理等途径解决”，对试点小城镇“可以给予一定数量的新增建设用地占用耕地的周转指标，用于实施建新拆旧”。2004 年，国务院印发的《国务院关于深化改革严格土地管理的决定》（国发〔2004〕28 号）中也提出，“鼓励农村建设用地整理，城镇建设用地增加要与农村建设用地减少相挂钩”。

为了稳妥推进城乡建设用地增减挂钩，2006 年，国土资源部组织开展增减挂钩试点工作，相继出台了一系列文件，明确了基本政策要求。自 2009 年起，国土资源部将城乡建设用地增减挂钩周转指标纳入年度土地利用计划管理，国土资源部负责确定挂钩周转指标总规模及指标的分解下达，有关省份负责试点项目区的批准和管理。

（二）核心政策介绍

1. “两统一”

一是审批管理的统一。强调城乡建设用地增减挂钩试点，必须经过国土资源部批准，有计划地稳步推行。对于在国家批准的挂钩试点外，以置换、挂钩等各种名义自行开展的增减挂钩行为，及时纠正其不规范做法。二是指导原则的统一。所有增减挂钩试点工作，均统一以改善农村生产和生活条件为目标，以优化用地结构和节约集约用地为重点，以保护耕地、保障权益为出发点和落脚点。不可将城乡建设用地增减挂钩政策片面作为解决地方经济发展用地需求问题和降低政府土地取得成本的手段，防止大拆大建、侵害农民权益等行为。

2. “两坚持”

一是坚持控制周转指标规模。控制周转指标规模的意义在于控制好整理规模和节奏，按照新一轮土地利用总体规划确定的农村建设用地整理总规模，逐年按计划实施，避免借农村土地整理过快扩张城镇建设用地规模。二是坚持实行项目区管理。城乡建设用地增减挂钩政策的前提是设立一个封闭的项目区，挂钩所有的活动必须在这个项目区内封闭运行，确保项目区内拆旧面积大于建新面积，复垦耕地面积大于占用耕地面积，耕地总体质量有提高。

3. “两完善”

一是完善规划计划编制。地方政府要依据土地利用总体规划，并按照田、水、路、林、村综合整治的要求，科学编制农村土地整治规划，统筹安排增减挂钩和农用地整理的规模、布局和时序，并与产业发展、新农村建设、生态环境保护等规划做好协调。二是完善监督管理实施。将挂钩项目纳入“一张图”综合监管平台。项目区项目实施前，要对建新拟占用的农用地和耕地进行面积测量和等级评定，登记入册；项目区项目实施过程中，按照“总量控制、封闭运行、定期考核、到期归还”的原则，建立台账，对挂钩周转指标的下达、使用和归还进行全程监管；项目区项目实施完成后，由地方国土资源部门逐级组织开展验收，并将验收结果报国土资源部备案。

4. “两探索”

一是探索形成保障农民权益的制度体系。城乡建设用地增减挂钩试点开展初期，国家对农村建设用地整治涉及的权属调整、补偿安置、收益返还等，没有统一规定，各地自行其是。农民权益的保障、土地财产权的保护取决于地方政府管理水平。因此，需要着力完善制度和建立机制，研究制定土地权属管理、收益返还使用等具体办法，探索引入市场评估体系，完善价格形成机制。二是探索完善农村土地整治制度环境。增减挂钩在很多地方已逐步与土地流转、土地整治紧密结合，成为农村土地管理制度的一项综合性改革。急需探索整合增减挂钩、土地整治、集体建设用地流转三种形式的农村土地管理制度改革政策和措施，充分发挥项目整合、资金融合、挂钩调节的整装优势，促进土地资源、资产、资本“三位一体”管理，提高政策的综合效益。

（三）政策特征

城乡建设用地增减挂钩试点的实质是以空间换效率，妥善解决区域整体发展的问题。实践证明，实施增减挂钩与土地整治、农业产业化发展相结合，有助于改善农业生产条件，促进农业适度规模经营和农村集体经济发展。同时，实施农村集体建设用地整理节约的土地，依据级差地租原理调剂使用，按照以城带乡、以工补农的要求，将获得的土地级差收益，用于发展农村集体经济，以及农村基础设施和公共服务配套设施等建设，既增加了农民收入，提高当地农民生活水平，又改变了农村落后面貌，推动了新农村建设和城乡一体化发展。试点县区将增减挂钩与新村建设、农村危房改造相结合，整合各类涉农资金，有效解决了农村饮水、通信服务、清洁能源、卫生改厕、环境保护等难题。

增减挂钩的节地效果是双重的，实施城乡建设用地增减挂钩，使得农村建设用地在规划的引导下，有计划地被拆建，促进土地在空间上的调整和互换，一定程度上解决了我国农村大部分地区耕地细碎分耕、集体建设用地粗放浪费等问题。通过城乡用地布局的调整，新的土地得以以更集约的方式被利用。

三、工矿废弃地复垦利用

（一）政策梳理

2012 年，国土资源部下发《关于开展工矿废弃地复垦利用试点工作的通知》（国土资发〔2012〕45 号），确定在河北、山西等 10 个省份开展工矿废弃地复垦利用试点工作。

2015 年，在前期试点工作基础上，国土资源部印发《关于印发〈历史遗留工矿废弃地复垦利用试点管理办法〉的通知》（国土资规〔2015〕1 号），将工矿废弃地复垦利用工作由试点探索向政策推广转变。

（二）核心政策介绍

1. 实施主体

《历史遗留工矿废弃地复垦利用试点管理办法》规定，开展历史遗留工矿废弃地复垦利用试点的市县级国土资源主管部门，应当在人民政府统一领导下，加强与发展改革、财政、农业、环保、水利等相关部门的协同配合，共同推进工作。建立政府组织、部门合作、群众参与、利益共享的工作机制，鼓励集体经济组织、农民和社会组织投资土地复垦。

该办法同时强调，省级国土资源主管部门负责本行政区域内历史遗留工矿废弃地复垦利用的总体部署，审查专项规划，组织复垦项目核查，下达建新指标，做好在线报备和考核监管工作。市县级国土资源主管部门负责本行政区域内历史遗留工矿废弃地复垦利用专项规划的编制、上报审核，具体组织复垦项目实施工作。

2. 实施路径

工矿废弃地复垦利用主要实施流程为：一是在调查摸清历史遗留工矿废弃地资源现状、利用潜力和做好确权工作的基础上，根据土地利用总体规划和土地整治规划，科学编制专项规划；二是专项规划编制完成后，需逐级上报省级国土资源主管部门组织专家论证，出具审查意见，并由有关市县级人民政府审查批准；三是开展历史遗留工矿废弃地复垦利用试点的县级国土资源主管部门，根据批准的专项规划和下达的复垦利用计划指标，编制复垦项目实施方案，征求市级国土资源主管部门意见，并报省级国土资源主管部门备案；四是复垦项目实施完成后，由县级国土资源主管部门进行初验，初验合格的，由市级国土资源主管部门组织验收，验收结果及时上传在线监管系统；五是复垦项目验收合格后，省级国土资源主管部门按照核定的复垦面积，下达建新计划指标。

3. 资金管理

《历史遗留工矿废弃地复垦利用试点管理办法》提出，鼓励运用市场化机制，多渠道筹措复垦资金。同时，为完善资金筹措机制，从 2016 年起，工矿废弃地复垦利用项目纳入国家专项建设资金支持范围，由国家开发银行、中国农业发展银行，根据国家发改委的安排方案，按项目进行基金投放和管理。专项基金具有低息、还款周期长的优势。

（三）政策特征

工矿废弃地复垦利用是将历史遗留的工矿废弃地，包括交通、水利等基础设施废弃地等加以复垦，在治理改善生态环境基础上，与新增建设用地相挂钩，合理调整建设用地布局，确保建设用地总量不增加、利用更集约，耕地面积不减少、质量不降低的土地整治措施。

工矿废弃地复垦利用，实质上是将工矿废弃地复垦与城乡建设用地增减挂钩政策相结合，以新增建设用地挂钩指标为激励，提高地方政府复垦工矿废弃地的积极性。

第二节　国土综合整治探索存在的问题

一、政策对象单一，缺乏系统性和统一性

纵观耕地占补平衡、城乡建设用地增减挂钩、工矿废弃地复垦利用三大政策，它们既体现了耕地保护的理念，又突出了生态优先、区域协同发展的意味，均在一定程度上取得了成效。但在实施过程中，均存在资源保护与生态环境保护两个方面不够平衡，顾此失彼的现象。

目前，我国实行严格的耕地保护政策，强调耕地的占补平衡，要求所有涉及占用耕地的建设项目必须补充同等规模的耕地。而实际上各地适宜开发或复垦为耕地的后备资源禀赋差别很大，建设用地需求大的地方往往也是后备耕地资源较为贫乏的地方。一些地区后备资源有一定规模，但经过多年的占补平衡，目前也已接近枯竭。在这种情况下，一些地区为了实现耕地占补平衡，只能把目光投向边际土地，把一些具有重要生态环境功能的湿地、低丘缓坡土地开发成耕地，结果导致植被减少、水土流失、自然生态格局破坏、环境灾害风险等一系列问题。由于现行制度缺乏生态环境价值与资源价值间的评价与权衡机制，伴随建设用地需求的持续增长和宜耕地后备土地资源的日益减少，如果继续强制推行耕地占补平衡，可能会有越来越多的地区陷入这种顾此失彼的困境之中。

二、现行政策平面化，衔接仍有待加强

以耕地占补平衡政策为例，土地政策依然存在一定的瓶颈。首先，耕地占补平衡的目标不能局限于保护耕地和保障粮食安全等基本层面，应当延伸至更高层次和更宽领域，即在确保耕地数量与质量占补平衡的同时，要综合考虑土地的生产性功能、生态服务价值以及社会功能，必须注重生态系统的整体平衡，并兼顾补充耕地行为的社会效应。其次，防止以偏概全地设定政策目标，确保耕地占补平衡的目标能更加全面地表达其背后的价值内涵，为具体的政策实践提供正确的方向指引。

同时，也应看到健全耕地占补平衡的指标交易模式宗旨是要充分发挥市场激励作用,引导各行为主体积极利用各自的比较优势而实现资源优化配置,最终达到一举三得的效果：耕地后备资源缺乏的地区能够完成耕地占补平衡的任务；社会财富能够跨区流动以缩小区域发展差距；补充耕地可能引起的生态和社会副作用能够得到有效控制或者弥补。为此，应当因地制宜，科学合理确定指标交易的范围，避免出现“开发过度集聚”的现象。

三、项目重开发轻评价，存在生态及经济风险

一方面,“以地谋发展”的工业化城镇化模式仍在继续，囿于建设空间不足，各项政策在严守耕地红线的前提下陆续出台，以满足重大工程项目的落地、满足经济社会发展的用地需求。由于市场机制不完善，特别是低地价推进的工业化模式、政府主导的城镇化模式和城乡二元土地制度等原因，目前存在工业用地利用效率不高、农村建设用地闲置较多和新城新区低密度扩张等突出问题。这些问题的解决不可能一蹴而就。在这种情况下，要抑制用地粗放和浪费，最现实和有效的办法还是要加强行政管控，但目前的用途管制主要是一种平面化的用途变化管制，只对建设用地规模总量控制起作用，对于具体的土地利用强度、方式没有约束力，而后者才是促成节约集约利用最

直接、最关键的环节。

另一方面，耕地占补平衡、城乡建设用地增减挂钩、工矿废弃地复垦利用所在的项目复垦区域，大多位于农村或偏远地区，开发利用涉及经济、社会、生态、环境、灾害等诸多方面，存在诸多不确定性或风险，其经济效益、生态效益、社会效益等均需要科学评估和预测。另外，复杂的地形地貌条件，增加了道路、灌渠、给排水等基于地面的线形工程铺设难度和复杂程度，较之于平地开发成本提高。复垦区的大量投入与建新区的资金回报，在市场机制缺乏的背景下，很容易形成潜在的经济社会乃至区域金融风险。

第三节　健全完善国土资源管理探索的建议

一、实施主体开始由政府主导向市场主导过渡

旧有的国土综合整治政策多由政府主导实施，忽视了企业的参与意愿和参与能力。耕地占补平衡、城乡建设用地增减挂钩、工矿废弃地复垦利用等政策，一个重要的特征就是允许和鼓励由市场主体直接参与土地功能改变、拆旧建新，多渠道筹措资金，这代表了未来政策改革的方向。

二、整治路径开始由单一模式转向多元模式

“绿水青山就是金山银山。”在生态文明建设的潮流下，国土整治开始了向综合整治的过渡，不断加强自然生态系统和环境保护，秉持“山水林田湖草是一个生命共同体”的理念进行统一保护和修复。纵观当前政策创新与实践，已逐渐将历史遗留或责任主体灭失的矿山地质环境治理、土地生态恢复与治理、绿色矿山建设、水环境治理保护、生物多样性保护，以及农村环境

整治、城市水系贯通、山体修复等融合，切实改变了过去保护治理按生态系统或资源种类分割进行，种树的只管种树、治水的只管治水、护田的单纯护田，各自为战的格局，整治的系统性、整体性渐次确立。

三、整治利益开始由原使用权人独享向社会大众共享转变

在传统的整治模式中，政府以及整治项目工程实施主体主导了整治全过程，这样的方式忽略了原整治项目的社会外溢效应，没有与当地原住居民合作共享，导致公平和效率的缺失，在实践中很难取得原住居民的合作。新的政策创新与实践在此有所突破，通过设计不同的利益分配机制和衔接机制，旨在通过整治活动充分调动政府、企业、原住居民共享收益，以激励其参与意愿，这也将是未来国土综合整治政策制定的基本方向。

第十章

国土综合整治空间布局

第一节 “四区一带”国土整治格局

一、“四区一带”国土整治格局形成背景

《全国国土规划纲要（2016—2030 年）》将问题导向和目标导向相结合，在综合分析各区域资源环境本底的基础上，结合《全国主体功能区规划》确定的农产品主产区、城市化地区、重点生态功能区等不同国土空间的地域功能，针对荒漠化、石漠化、水土流失、人居环境恶化、矿山地质环境破坏、资源开发利用水平低等问题，优先选择对全局发展具有重要意义、多种问题复合型的地区，部署国土综合整治。同时，坚持陆海统筹的原则，做好与《全国海洋功能区划（2011—2020 年）》的衔接，提出在渤海湾、苏北沿海、舟山群岛、福建沿海、珠江口等实施海岸带修复整治、海岛整治与保护，推进海洋国土综合整治，构建形成“四区一带”国土整治格局。

除《全国主体功能区规划》《全国海洋功能区划（2011—2020 年）》外，“四区一带”国土整治格局还与《全国土地整治规划（2016～2020 年）》《全国地下水污染防治规划（2011—2020 年）》《黄土高原地区综合治理规划大纲（2010—2030 年）》以及农业、水利、林业、环境保护、自然资源开发等相关部门和行业的发展规划做了较好的衔接，特别是与治理修复的重点区域、重点领域和重大工程等进行了衔接。

二、“四区一带”国土整治格局空间部署

在《全国国土规划纲要（2016—2030 年）》起草过程中，针对国土开发利用存在的问题，按照资源节约、环境保护、生态修复、空间优化的要求，在农村地区、城市化地区、重要生态功能区、矿产资源开发集中区、海岸带和海岛，重点开展国土综合整治，改善人居生活环境，修复受损生态系统，促进生态保护，优化开发结构和布局，提高国土开发利用与资源环境承载力匹配程度，提高国土开发效益和效率。

“四区一带”国土整治格局空间部署如下。

农村地区：重点加强东北平原、华北平原、长江中下游平原、四川盆地、关中平原、河套平原等农产品主产区高标准基本农田建设，提高粮食生产能力；整体推进京津冀、长江三角洲、珠江三角洲等城镇化水平较高地区田、水、路、林、村综合整治，改善农村生产生活条件，推进土地节约集约利用。

城市化地区：重点开展京津冀、长江三角洲、珠江三角洲等城市化地区低效用地再开发和环境整治，提高建设用地效率，改善提升人居环境。

重要生态功能区：加快实施黄土高原、三峡库区、西南石漠化等重要生态功能区重大生态修复工程，增强生态产品生产能力。

矿产资源开发集中区：开展东北老工业基地能源和铁矿开采区等矿产资源开发集中区地质环境恢复治理和工矿废弃地复垦利用，改善矿区环境，有效利用工矿废弃地。

海岸带和海岛：实施渤海湾、苏北沿海、舟山群岛、福建沿海、珠江口等海岸带和海岛综合整治，提升海洋环境质量和生态价值。

第二节　农村地区国土综合整治

一、农村地区概念范围

农村，一般是和“城市”“城镇”相对的概念，主要指以从事农业生产为主的劳动者聚居的地方，具有特定的自然景观和社会经济条件。从分解的意思看，“农”是个社会经济概念，如农业、农田、农民；“村”指乡下聚居的处所，是个地理概念，如山村、渔村、水村、乡村。农村人口呈散落居住，有集镇、村落等形态。根据乡村是否具有行政含义，可分为自然村和行政村。自然村是村落实体，指农村地区的自然聚落，北方平原地区的自然村通常比较大，南方丘陵水网地区的自然村通常比较小；行政村是行政实体，是中国行政区划体系中最基层的一级，设有村民委员会等村民自治机构。一个大自然村可设几个行政村，一个行政村也可以包含几个小自然村。

我国农村分布广泛，类型差别较大。不同地区的农村在自然条件、经济社会发展水平、人口规模、产业结构等方面有较大差异。以人口规模为例，河南、山东等不少平原地区的自然村总人口超过 10 000 人，而湖北省江陵县平均每个自然村只有 8 户、33 人。少数民族人口聚居的边疆省区，如西藏、新疆、内蒙古、青海、宁夏等地，农村人口的规模和人口密度都远低于其他地区。一些学者对分布广泛、类型多样的农村地区进行了划分。例如，崔明等（2006）从城乡统筹的角度，将全国农村划分为发达类型、相对发达类型、发展中类型、相对落后类型、落后类型；李裕瑞等（2011）以县级行政区为单元，选取人均农产品产量（人均粮食、棉花、油料和肉类产量之和）、乡村农业从业人数比重、人均规模以上工业总产值、第三产业增加值比重等指标，对黄淮海地区进行了乡村发展格局与类型划分研究。

目前基于农村地区国土综合整治的农村类型划分研究较少，但在一些政策性文件和规划中，对农村土地综合整治的重点整治类型和相关区域进行了划分。例如，《国务院关于严格规范城乡建设用地增减挂钩试点切实做好农村土地整治工作的通知》（国发〔2010〕47 号）提出农村土地整治的重点有两项：一是大力推进以高产稳产基本农田建设为重点的农田整治。要按照因地制宜、改善条件、提高质量的要求，以提高高产稳产基本农田比重为目标，大力开展土地平整、田间道路建设、农田防护建设和农田水利建设。二是规范推进农村土地整治示范建设。要按照统筹规划、整合资源、整体推进的原则，以耕地面积增加、建设用地总量减少、农村生产生活条件和生态环境明显改善为目标，规范推进以田水路林村综合整治为内容的农村土地整治示范建设。《全国土地整治规划（2016～2020 年）》提出“实施藏粮于地战略，大力推进农用地整理”“围绕美丽乡村建设，规范开展农村建设用地整理”等国家土地整治战略部署，其中农用地整理包括加快推进高标准农田建设、切实加强耕地数量保护和质量建设、实行耕地修复养护、推进其他农用地整理等内容；农村建设用地整理包括优化农村建设用地布局、推进农村闲置低效土地整理、稳妥推进城乡建设用地增减挂钩等相关内容。

二、农村地区国土综合整治存在的主要问题

（一）耕地面积减少，后备耕地资源不足

随着城市化快速发展，城市各类建设用地规模也大幅度增加，工矿和交通用地面积也不断扩张。建设用地总量增长迅速，占用大量耕地，导致不少地区人多地少的矛盾更加突出。例如，苏浙沪地区，一方面，城乡建设用地急剧扩张，大量占用优质耕地；另一方面，农业生产结构调整后，太湖平原、

杭嘉湖平原等“鱼米之乡”的耕地流失或闲置极为严重，经济作物和水产养殖业比重增加，以林果和鲜活农产品为重点的农业迅速发展。在大量耕地被占用的同时，我国多数地区耕地后备资源严重不足。上海、天津、海南、北京可供开垦的未利用土地接近枯竭，江苏、安徽、浙江、贵州等省也都很有限，耕地后备资源数量有限、质量差，不宜进行开发，通过耕地后备资源开发实现耕地占补平衡的难度加大。

（二）耕地质量下降，影响粮食安全

除耕地面积减少外，受不合理利用方式、水土流失、生态破坏等因素的影响，我国存在耕地污染、土壤有机质下降、耕地生态功能下降等问题，导致耕地质量下降，影响粮食生产安全和生态安全。

目前世界主要发达国家化肥的使用量呈下降趋势，而我国仍在大幅度增加（图 10-1）。此外，我国农药的使用量虽然 2011～2015 年稳定在每年 178 万～180 万吨，但相比 1991 年的 76 万吨，仍处于高位运行状态。长期大量而不合理地施用化肥、农药等化学投入物，使我国用于种植粮食的耕地大面积地遭受不同程度的侵蚀和污染，破坏了耕地的生态环境，并严重威胁着人类健康。

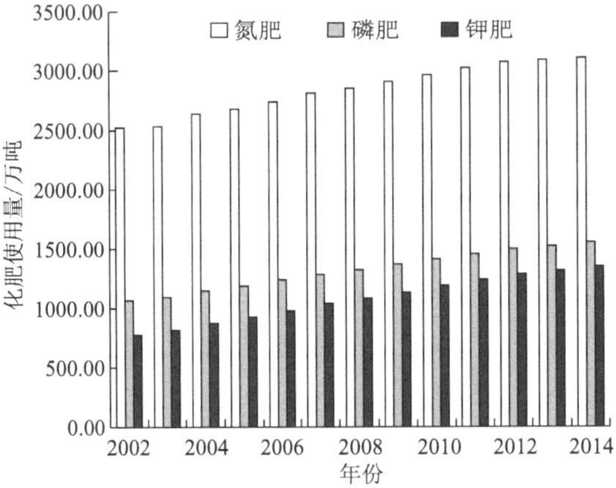

（a）中国

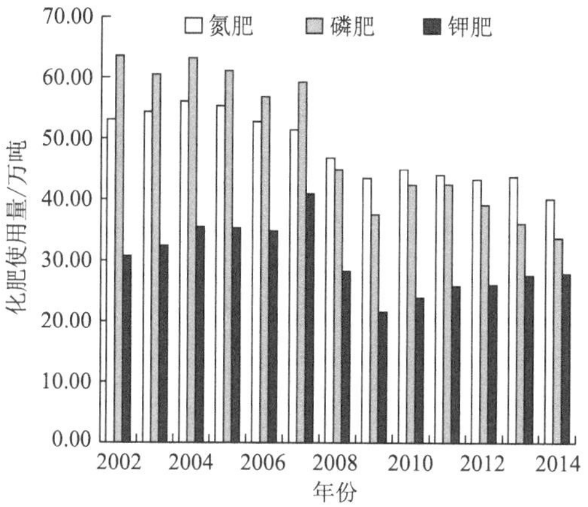

（b）日本

图 10-1　2002～2014 年中国、日本两国主要化肥使用量变化情况

资料来源：联合国粮食及农业组织. http://www.fao.org

长期化学物质投入过大，对土壤有机质的形成也产生不利影响。土壤有机质下降也已成为制约我国农业可持续发展和粮食综合生产能力提升的关键因素。1999～2014 年，由中国地质调查局会同省级人民政府及其国土资源主管部门，组织协调全国 77 家单位 10 万多人次对全国耕地质量状况进行了全面调查。调查显示，我国东北区、闽粤琼区、西北区和青藏区部分耕地有机碳含量相比 20 世纪 80 年代呈现明显下降趋势，其中东北区耕地有机碳含量下降了 21.9%，严重降低了土壤肥力。

尽管我国部分地区采取了秸秆还田等措施，耕地有机质下降的趋势有所减缓，但相对于健康的土壤，仍然存在有机质含量下降、土壤动物和微生物多样性降低等问题。2016 年 7 月 28 日，农业部种植业管理司负责人在接受记者采访时，也证实当前我国耕地质量呈现出“三大”“三低”态势。“三大”指中低产田比例大，中低产田面积占比达 70%以上；耕地退化面积大，全国耕地退化面积占比在 40%以上；污染耕地面积大，全国耕地土壤污染点位超标率达到 19.4%。“三低”指的是有机质含量低、补充耕地等级低和基础地力低。

（三）农村建设用地比例高，“空心村”问题突出

我国不少地区农村居民点用地比例高，规模偏大，“空心村”问题突出，

农村用地的集约性差，一户占多处宅基地、少批多占宅基地等现象较为普遍。刘彦随《中国乡村发展研究报告——农村空心化及其整治策略》指出，我国农村空心化现象严重，经综合测算与分析表明，在分批推进城镇化情景下，全国“空心村”综合整治增地潜力可达 1.14 亿亩，“农村空心化现象，在国际上也具有普遍性。但在我国特殊体制背景下的农村空心化，远比其他国家更复杂、更严重……空心化的农村，已成为我国新农村建设和城乡统筹发展面临的首要难题”。若城乡统筹发展和农村土地制度创新不能取得实质性进展，农村空心化不仅会加剧发展，而且将长期存在，将会严重制约中国农村经济社会发展，其主要表现和影响如下。

第一，农村土地浪费严重。“空心村”的形成和蔓延反过来又迫使大量的农村劳动力特别是高素质劳动力流失，“人去房空”“人走地荒”等现象造成了大量的农地资源浪费；“空心村”的肆意蔓延，占用了大量可耕地。据全国土地详查提供的数字，现在我国村镇居民占用宅基地已达 1666.7 万公顷，大大超过 2000 年规划用地 1333.3 万公顷的控制指标。

第二，造成村内环境恶化。“空心村”里旧房、破房随处可见，严重影响村容村貌；多数“空心村”公共设施落后，生活和生态环境差；不少旧房年久失修成危房，存在安全隐患。

第三，影响乡村振兴。由于土地的大量浪费和农村优质劳动力的外出，加上居住环境的进一步恶化，农村的特色文化、风俗等受到冲击，阻碍了农村社会经济的发展步伐，增加了实现“产业兴旺、生态宜居、乡风文明、治理有效、生活富裕”乡村振兴的难度。

三、农村地区国土综合整治策略

（一）农用地整治

农用地整治主要是指为增加耕地有效面积，提高耕地质量，改善农业生产条件而对田、水、路、林、村进行的综合治理。需要大规模建设旱涝保收高标准基本农田，完善农田水利基础设施；适时适度实施宜耕后备土地开发重大工程，形成国家粮食战略后备产区；加强园地、林地、草地综合整治，合理引导农业产业结构调整。通过实施粮食主产区基本农田整治、“南水北调”水利工程沿线土地整治、西部生态建设地区农田整治、西南石漠化区域土地整治等农用地整治重大工程，提升粮食生产能力；实施新疆伊犁河谷地土地开发、战略后备区集中补充耕地等宜农未利用地开发工程，确保全国耕地面积稳定；实施城乡统筹区域农村建设用地整治示范等农村建设用地整治工程，发挥农村土地整治综合效益。

（二）农村建设用地整治

在工业化、城镇化背景下，城镇成为区域经济发展的主要带动力量，其经济辐射效应对周边农村地区的发展产生着巨大的影响。随着距离城镇地区远近的不同，各地农村的经济发展和土地利用也呈现出较为相似的变化特征，因而在各地农村土地整治宏观策略的制定过程中，通常可以依据农村地区受城镇经济影响作用的大小，结合各村庄的空间分布特征，制定相对统一的农村集体建设用地整治模式。遵循“因地制宜、统筹规划、分类指导、分区推进”的指导原则，分类型推进农村建设用地整治。

一是城镇化引领型模式。该模式适用于城市边缘区或中心镇周边地区，其农村发展受城镇和非农经济的带动影响较为显著，基础设施相对完善，农村非农产业比较发达，农民多以非农收入为主。这些地区重点是将村庄居民点纳入城镇建设扩展地区进行统一规划、统筹配置，通过对农村集体建设用地、低效利用和闲置土地进行综合整治，实现农民居住城镇化、耕地面积有效增加和土地经营规模化。从具体操作上看，城镇化引领型农村整治模式需要将村庄整治和城镇体系规划有机结合起来，以市区和中心城镇发展引领为动力，以城镇经济发展提供的资金为支撑，推进农村农业人口的非农转移和低效闲置用地整治。通过以产业和居住用地集中为导向，规划建设农副产品加工业园区，推动农业规模化、产业化经营，发展农村服务业，形成农产品产加销一条龙、贸工农一体化的产业链条，实现农村各产业的有机整合和城乡资源的统筹配置。

二是中心村整合型模式。该模式适用于远离市区或中心镇的农村地区，其村庄分布相对密集，村内土地闲置较为严重，生活环境条件较差，集体经济发展相对缓慢。鉴于此类型村庄经济发展中非农经济基础薄弱和农业生产的重要地位，扩大农户土地经营规模成为推动农村建设用地整治、促进经济发展所要解决的核心问题。在操作途径上主要是通过中心村建设和迁村并点、整村搬迁来实现，中心村住宅集中建设通常拥有较高的容积率和用地集约度，因而该整治模式下也存在着较大的节约集约利用土地的潜力。

三是村内集约型模式。该模式适用于远离市区或中心镇的农村地区，其村庄分布较为分散，土地利用相对粗放，村内土地闲置较为严重，生活环境条件与基础服务设施条件较差，且非农产业较为落后，村庄经济发展缓慢，农民整治村庄环境、改善生活条件的意愿十分强烈。此类村庄发展受城镇和非农经济带动作用较小，农村土地整治应该为推动养殖业、设施农业和农产品加工业的发展，进而实现用地效率提高和经济有效发展的目标而设计和组织。村落空间的分散布局和落后的经济条件，在未来农业生产需求和整治资金等方面极大地限制了中心村整合整治模式的应用，因此单独针对村内空废宅基地和闲置土地的村内集约型整治模式在此条件下能取得更好的整治效果。村内集约型整治模式以解决农村宅基地集约利用、农村环境改善和公共资源配置等问题为核心，是在村庄原址上的规范建设和改造，划定村庄建设边界和优化土地配置，限制村庄进一步向外扩张。通过制定新建住宅的用地标准，细化村庄闲置宅基地和村内空闲土地盘活利用的调控措施，促进村庄建设的集约用地、耕地面积的有效增加及其高效利用。同时，重点针对村内低效利用的打谷场、废弃坑塘和空闲宅基地等低效利用土地进行专项整理，整理后土地集中复垦为耕地，并鼓励发展养殖业、设施农业、林业、农业资源特色加工业以及乡村休闲旅游业等新产业、新业态，促进村庄经济发展和村内生活环境有效改善。

第三节　城市化地区国土综合整治

一、城市化地区范围界定

城市是相对于农村的空间聚落形态，是以非农业产业和非农业人口集聚形成的较大居民点。对于城市概念有多种视角的理解，从社会学研究视角看，城市是一种有别于农村的生活方式（Wirth，1938），包括基础设施服务水平以及以匿名性、表面性、短暂性和关联性为特征的人际关系等社会行为等；从经济学研究视角看，是否以农业生产为主是判别城市与农村地区的主要标准；从地理学、生态学等自然科学视角看，城市是以高密度人工构筑物为主的地区，呈现出以人为核心的人工化生态系统，出现“热岛效应”等现象，有别于以自然环境为核心的农村地区。未来，随着经济社会发展水平的不断提高，农村地区与城市地区在基础设施服务水平、生活方式、就业方式等方面的差距将逐步缩小，如我国江苏、浙江等发达省份供水普及率在城乡之间几乎没有差别。城市与农村的划分可能更多从构筑物密度、生态系统特征等地理景观方面加以区分。

城市化是农村向城市的转化过程。在城市化的初期和成熟阶段，农村地区与城市地区的边界相对稳定，城市地域变化较慢；在快速城市化阶段，农村人口向城市快速转移，城市边界逐步外延拓展，一些新城新区不断涌现，农村地区和城市地区的边界变化剧烈。城市化地区（urbanized area）是美国商务部普查局提出的一种城市地域概念，其目的是确定城市的实体界线以便较好地区分较大城市附近的城镇人口和乡村人口。根据美国2010年的统计标准城市化地区是大都市统计区域的核心区域，城市人口要超过5万人，大体相当于我国城市建成区的概念。《全国主体功能区规划》中的城市化地区不同于上述概念，它包括优化开发区和重点开发区，是以提供工业品和服务产品为主体功能的地区，也提供农产品和生态产品。为便于空间规划的衔接协调、重大工程的部署以及政策措施的实施，本书及《全国国土规划纲要（2016—2030 年）》中对城市化地区的概念与《全国主体功能区规划》保持一致，包括环渤海地区、长江三角洲地区、珠江三角洲地区、长江中游地区、成渝地区、北部湾地区等 28 个主要城市化地区。

二、城市化地区面临的主要问题

实行改革开放后，我国城市化进程加快，全国城市化率由 1995 年的 29.04%增长到 2015 年的 56.10%，增长了 93.18%；而同期全国城市建成区面积则由 1.93 万平方千米增长到 5.21 万平方千米，增长了 1.7 倍，呈现出通常所说的土地城市化快于人口城市化的现象（图 10-2）。快速城市化既是我国经济社会快速发展的结果，也为经济社会的进一步发展提供了动力。同时，城市化地区在空间上的高强度开发和时间尺度上的压缩式发展也给资源环境造成了极大的冲击。此外，一些地区不合理的开发活动，进一步恶化了经济社会与资源环境之间的关系。土地利用粗放、空间开发低效无序、环境污染、生态系统退化、人居环境恶化等一系列问题制约着城市化地区持续健康发展。其主要问题如下。

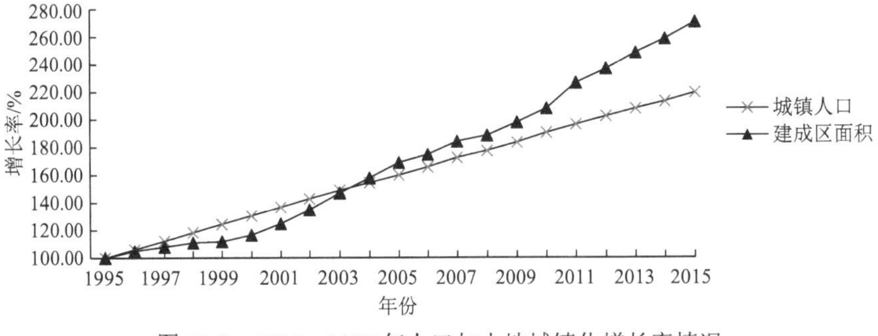

图 10-2　1995～2015 年人口与土地城镇化增长率情况

资料来源：国家统计局官方网站

（一）城市化地区国土空间利用效率不高

长期以来在外延式增长模式下，我国土地城市化快于人口城市化，城市化地区土地面积迅速增加，但利用效率不高，存在大量低效闲置用地。据 2009 年全国城镇土地调查数据统计，我国城镇空闲地面积约为 41 万公顷，旧城镇用地的整治潜力大致为 20 万公顷，城市旧厂矿用地的整治潜力约为 30 万公顷，三者合计约 90 万公顷。城镇空闲地规模居前六位的省份依次是广东、内蒙古、山东、江苏、四川和海南，几乎占全国城镇空闲地总面积的一半。旧城镇用地整治潜力主要分布在江苏、黑龙江、辽宁、河南、山东、浙江等地区。城市旧厂矿用地整治潜力主要分布在山东、江苏、广东、辽宁、浙江、天津等沿海经济发达地区。

1. 我国城镇空闲地的规模

我国城镇空闲地面积约占全国城镇土地总面积的 5.63%，相当于我国城镇仓储用地面积的 2.4 倍，商业和服务业用地面积的 90%，约为我国城镇工业用地面积的 1/4。城镇空闲地的规模超过除山东、广东、江苏三省以外全国其他任一省份城镇土地的总面积；甚至超出河南省城镇土地总面积 5%，是上海和北京城镇土地总面积之和的 1.2 倍；如果以人均城镇建设用地 100 平方米计算，则可满足 4000 万以上城镇人口的建设用地需要，或者可以建设拥有 100 万人口的特大城市 40 座。

2. 我国旧城镇用地的整治潜力

城市旧城镇用地的整治潜力分布广泛。我国 31 个省级行政区划单位（不含港澳台）中有 25 个省份都有较大的改造潜力，全国的整治潜力大致为 20 万公顷。全国城市住宅用地整治潜力的相对规模（即城市住宅用地整治潜力面积占住宅用地总面积的百分比）约为 20%。旧城镇用地整治潜力规模相当于我国城市商业和服务业用地面积的 94%、仓储用地面积的 2.6 倍、工业用地面积的 27%。旧城镇用地整治潜力的规模超过了除江苏、山东、广东以外全国其他任意省份的城市土地总面积；如果以人均城市住宅用地 28 平方米计算，则可满足 7000 万以上城区人口的住宅用地需要。

3. 我国旧厂矿用地的整治潜力

城市旧厂矿用地整治潜力巨大，达 30 万公顷。全国城市旧厂矿用地整治潜力的相对规模（即城市工业用地整治潜力面积占工业用地总面积的百分比）大约为 17%。我国 31 个省级行政区划单位（不含港澳台）中，除西藏未统计外，其他各省份都有一定的整治潜力。全国有将近一半的省份工业用地整治潜力超过 10 000 公顷。东部地区的整治潜力约为 20 万公顷，约占全国整治潜力规模的 2/3。

（二）城市化地区人居环境日趋恶化

我国快速的城市化进程，极大地提高了经济的发展活力和竞争力，但是也引起了一系列的生态环境问题，在一些地区人居环境日趋恶化。主要问题有以下几种。

1. 大气污染严重，雾霾天气频发

2014 年 3 月，环境保护部发布 2013 年重点区域和 74 个城市空气质量状况报告。通过分析 74 个城市空气质量监测结果可以看出，京津冀、长江三角洲、珠江三角洲是空气污染相对较重区域。京津冀区域空气污染最重，区域内 13 个城市中有 11 个城市排在污染最重城市的前 20 位，其中有 7 个城市排在前 10 位，部分城市空气重度及以上污染天数占全年天数的 40%左右。大气污染类型突出表现为复合型污染。传统的煤烟型污染、汽车尾气污染与二次污染相互叠加，部分城市不仅 $PM_{2.5}$ 和 PM_{10} 超标，二氧化氮、臭氧也存在不同程度的超标现象。城市大气污染严重，持续遭遇雾霾天气，直接影响居民生活质量和身体健康。

2. 水污染严重

我国多数城市化地区的河流处于污染状态，华北地区还存在地下水超采等现象。以石家庄为例，地表水极度缺乏，人均占有量稀少，多数河流水质污染严重，河底淤泥严重。石家庄的母亲河“滹沱河”一直是地下水水源地，水资源开采量占城市供水总量的70%，地下水的过度开采、水质的污染使原本紧缺的水资源更加稀少。

3. 城市绿地系统不足

不少城市化地区城市绿地率、绿化覆盖率和人均公共绿地面积三大指标与国家园林城市标准还存在一定差距。城市绿色景观种类较少，色彩单调，城市景观植被缺少精心规划，阻碍了我国建设可持续发展的生态城市的进程。

4. 固体废弃物污染严重，不能及时清理

城市化地区工厂企业生产所排放的废弃物，以及居民的生活垃圾等废弃物，极度影响城市生态环境。就连生态环境良好的海南省也存在此类问题。中国科学院地理科学与资源研究所 2017 年开展的海南省人口承载力研究显示，2016 年海南省建筑垃圾处理率仅为32%，资源化利用率仅为10%；全省餐厨垃圾处理缺口约 430 吨/日，除海口和三亚外其他市县处于放任自流状态。全国其他地区情况更不容乐观，目前有200 多个大中城市已被垃圾包围。针对这些废弃物，很多城市主要采取堆放或者土壤填埋方式处理，这又会造成土壤污染、地下水污染等二次污染。

三、城市化地区国土综合整治策略

（一）城市低效土地再开发

全面推进城镇、旧工矿和“城中村”改造，盘活低效用地，增加建设用地有效供给。实行集中成片改造、局部改造、沿街改建相结合，推进城镇住宅用地集约利用；强化城镇改造规划控制与节地引导，鼓励开发地上地下空间；加快高污染、高能耗、低技术含量产业转型，推进工业用地集约利用，盘活处置闲置和低效用地，缓解产业用地供需矛盾；以东部大中城市和中西部大城市周边区域为重点，分类推进“城中村”改造。在空间部署上，根据不同地域的特征实施差别化的整治战略。

1. 东部沿海地区旧厂矿用地再利用战略

东部沿海地区随着一些高污染、高能耗、低技术含量产业的转型和转移，产生了较大面积的旧厂矿用地。通过制定旧厂矿用地再利用战略，加大对这部分用地的再利用力度，可以有效缓解东部沿海地区产业用地发展不足状况，并优化用地结构、提高用地效率。

2. 经济发达地区低效工业用地退出战略

广东、上海、江苏等地区的产业用地紧张问题更为突出，供地政策调整经济结构的作用没有充分发挥。通过研究探索工业用地退出战略，可以促进低效工业用地的充分利用，进而促进产业结构优化升级。

3. 重点省份城镇空闲地充分利用战略

全国各个省份虽然都有较大规模的城镇空闲地，但是，其分布在省域之间表现出相对集中的特点。城镇空闲地规模居前六位的省份，其城镇空闲地规模合计达近 20 万公顷，几乎占全国城镇空闲地总面积的 50%，这六个省份依次是广东、内蒙古、山东、江苏、四川和海南；特别是居前三位的广东、内蒙古、山东，其城镇空闲地规模均在 30 000 公顷以上，三省份城镇空闲地规模合计达近 14 万公顷，占全国城镇空闲地总面积的比重超过 1/3。针对这些重点地区，通过制定存量空闲地的再开发利用战略，将大大缓解建设用地紧张局面。

（二）城市化地区人居环境综合整治

在京津冀、长江三角洲、珠江三角洲及其他城市化地区，开展大气环境、水环境、交通环境等综合整治，提升城市人居环境质量。主要措施包括：拓展城市生态开敞空间，推进绿道网建设，连接城乡绿色空间；发展立体绿化，加快公园绿地建设，完善居住区绿化，强化城镇山体、水体、湿地等生态修复，在连绵山体、主要江河沿岸、海岸、交通主干线两侧及高速公路主出入口，建设多色彩、多层次、连成片的生态景观长廊；加强水环境治理，因地制宜，多途径修复城市水系生态，推进沿岸景观建设；重点在长江三角洲、华北平原、松嫩平原、汾渭盆地等地区实施城市地质安全防治工程，开展地面沉降、地面塌陷和地裂缝治理，修复城市地质环境，保障城市安全。

第四节　重点生态功能区国土综合整治

一、重点生态功能区范围界定

（一）我国生态系统类型及基本特征

我国地域广袤、生态系统类型多样。按照温度，全国自北向南有寒温带、温带、暖温带、亚热带和热带 5 个气候带；按照年降水量和蒸发量的关系，我国自东南沿海向西北内陆划分为湿润、半湿润、半干旱、干旱地区 4 类干湿区。我国地貌类型十分复杂，由西向东形成三大阶梯，第一阶梯是号称“世界屋脊”的青藏高原，平均海拔在 4000 米以上；第二阶梯从青藏高原的北缘和东缘到大兴安岭－太行山－巫山－雪峰山一线之间，海拔在 1000～2000 米；第三阶梯为我国东部地区，海拔在 500 米以下。我国独特的气候和地貌特征是我国森林草原、湿地、荒漠、农田和城市等各类陆地生态系统发育与演变的自然基础。

尽管我国生态系统类型多样，森林、湿地、草原、荒漠、海洋等生态系统均有分布，但生态脆弱区域面积广大，脆弱因素复杂。中度以上生态脆弱区域占全国陆地国土空间的 55%，其中极度脆弱区域占 9.7%，重度脆弱区域占 19.8%，中度脆弱区域占 25.5%。脆弱的生态环境使大规模高强度的工业化城镇化开发只能在适宜开发的有限区域集中展开。

《全国主体功能区规划》以提供主体产品的类型为基准划分了城市化地区、农产品主产区和重点生态功能区等空间类型。其中，重点生态功能区是以提供生态产品为主体功能的地区，也提供一定的农产品、服务产品和工业品。该规划指出，重点生态功能区生态系统脆弱或生态功能重要，资源环境承载力较低，不具备大规模高强度工业化城镇化开发的条件，必须把增强生态产品生产能力作为首要任务，应该限制进行大规模高强度工业化城镇化开发。

（二）重点生态功能区的分类

《全国主体功能区规划》将重点生态功能区分为四类。

1）水源涵养型。主要指我国重要江河源头和重要水源补给区，包括大小兴安岭森林生态功能区、长白山森林生态功能区、阿尔泰山地森林草原生态功能区、三江源草原草甸湿地生态功能区、若尔盖草原湿地生态功能区、甘南黄河重要水源补给生态功能区、祁连山冰川与水源涵养生态功能区、南岭山地森林及生物多样性生态功能区。

2）水土保持型。主要指土壤侵蚀性高、水土流失严重、需要保持水土功能的区域，包括黄土高原丘陵沟壑水土保持生态功能区、大别山水土保持生态功能区、桂黔滇喀斯特石漠化防治生态功能区、三峡库区水土保持生态功能区。

3）防风固沙型。主要指沙漠化敏感性高、土地沙化严重、沙尘暴频发并影响较大范围的区域，包括塔里木河荒漠化防治生态功能区、阿尔金草原荒漠化防治生态功能区、呼伦贝尔草原草甸生态功能区、科尔沁草原生态功能区、浑善达克沙漠化防治生态功能区、阴山北麓草原生态功能区。

4）生物多样性维护型。主要指濒危珍稀动植物分布较集中、具有典型代表性生态系统的区域，包括川滇森林及生物多样性生态功能区、秦巴生物多样性生态功能区、藏东南高原边缘森林生态功能区、藏西北羌塘高原荒漠生态功能区、三江平原湿地生态功能区、武陵山区生物多样性及水土保持生态功能区、海南岛中部山区热带雨林生态功能区。

由环境保护部和中国科学院联合发布的《全国生态功能区划》则提出全国生态服务功能包括生态调节功能、产品提供功能与人居保障功能。其中，生态调节功能主要是指水源涵养、土壤保持、防风固沙、生物多样性保护、洪水调蓄等维持生态平衡、保障全国或区域生态安全等方面的功能；产品提供功能主要包括提供粮食、畜产品、水产品、林产品等功能；人居保障功能主要是指满足人类居住需要和城镇建设的功能，主要区域包括大都市群和重点城市群等。生态系统服务功能重要性评价是根据生态系统结构、过程与生态服务功能的关系，分析生态服务功能特征，按其对全国和区域生态安全的重要性程度分为极重要、重要、中等重要、一般重要 4 个等级。

“四区一带”国土整治格局中的重点生态功能区主要是衔接《全国主体功能区规划》中提出的四类重点生态功能区。从内涵上看，其主要是指具有重要生态调节功能的区域。重点生态功能区国土综合整治的目的是通过采取一定的人工修复措施，逐渐恢复重点生态功能区的生态系统，提高生态产品产出，增强生态调节功能，促进人与自然和谐发展。

二、重点生态功能区面临的主要问题

我国生态资源丰富，提供了良好的生态服务功能。但随着经济社会的快速发展和人口的大量增加，生态环境面临着越来越大的压力，一些生态服务功能强、重要性等级高的地区出现过度开发和不合理利用现象，导致生态系统结构损害、功能退化。

近年来，在科学发展观和生态文明建设理念的指导下，各地开始注重绿色发展，并加大生态环境保护力度，生态系统功能逐步好转。环境保护部发布的《2016 中国环境状况公报》显示，全国现有森林面积 2.08 亿公顷，森林覆盖率 21.63%；草原面积近 4 亿公顷，约占国土面积的 41.7%；全国共建立各种类型、不同级别的自然保护区 2750 个，其中陆地面积约占全国陆地面积的 14.88%，国家级自然保护区 446 个，约占全国陆地面积的 9.97%。

但是，我国生态现状仍然不容乐观。以森林生态系统为例，根据国家林业局 2014 年发布的第八次全国森林资源清查结果，我国森林总量持续增长、森林质量不断提高，森林资源进入了数量增长、质量提升的稳步发展时期。但是，我国森林覆盖率远低于全球 31%的平均水平，人均森林面积仅为世界人均水平的 1/4，人均森林蓄积只有世界人均水平的 1/7，森林资源总量相对不足、质量不高、分布不均的状况仍未得到根本改变，森林生态系统仍然面临巨大的压力和挑战。此外，在一些地区仍然存在生态破坏现象。比如，2017 年 7 月中共中央办公厅、国务院办公厅通报的甘肃祁连山国家级自然保护区生态环境破坏问题，包括：在自然保护区内长期存在大规模探矿、采矿活动，造成保护区局部植被破坏、水土流失、地表塌陷；部分水电设施违法建设、违规运行，导致下游河段出现减水甚至断流现象，水生态系统遭到严重破坏；周边企业偷排偷放问题突出，一些企业将废机油、污泥等污染物倾倒于河道，造成河道水环境污染。

三、重点生态功能区国土综合整治策略

不同类型生态功能区的发展方向、整治措施由其自然生态系统特点和主导功能决定。

水源涵养型地区重点推进天然林草保护、退耕还林和围栏封育，治理水土流失，维护或重建湿地、森林、草原等生态系统。严格保护具有水源涵养功能的自然植被，禁止过度放牧、无序采矿、毁林开荒、开垦草原等行为。加强大江大河源头及上游地区的小流域治理和植树造林，减少面源污染。拓宽农民增收渠道，解决农民长远生计问题，巩固退耕还林、退牧还草成果。

水土保持型地区应大力推行节水灌溉和雨水集蓄利用，发展旱作节水农业。限制陡坡垦殖和超载过牧。加强小流域综合治理，实行封山禁牧，恢复

退化植被。加强对能源和矿产资源开发及建设项目的监管，加大矿山环境整治修复力度，最大限度地减少人为因素造成新的水土流失。同样也需要拓宽农民增收渠道，解决农民长远生计问题，巩固水土流失治理、退耕还林、退牧还草成果。

防风固沙型地区需要转变畜牧业生产方式，实行禁牧休牧，推行舍饲圈养，以草定畜，严格控制载畜量。加大退耕还林、退牧还草力度，恢复草原植被。加强对内陆河流的规划和管理，保护沙区湿地，禁止发展高耗水工业。对主要沙尘源区、沙尘暴频发区实行封禁管理。

生物多样性维护型地区禁止对野生动植物滥捕滥采，保持并恢复野生动植物物种和种群的平衡，实现野生动植物资源的良性循环和永续利用。加强防御外来物种入侵的能力，防止外来有害物种对生态系统的侵害。保护自然生态系统与重要物种栖息地，防止生态建设导致栖息环境的改变。

由于生物多样性维护型地区的主要措施是自然维护和修复，不宜采取大规模的整治措施和整治工程，所以重点生态功能区的国土综合整治应以水源涵养型、水土保持型和防风固沙型地区为重点。

（一）强化水源涵养型地区综合整治

加强华北、秦巴山地、六盘山地、新疆北部、祁连山等重点水源涵养区生态恢复与生态建设，治理水土流失，恢复与重建水源涵养区森林、草原、湿地等生态系统，提高生态系统的水源涵养功能；开展水土污染防治工程，控制水污染，减轻水污染负荷。禁止导致水体污染的产业发展，支持发展生态旅游、生态农业等绿色产业。

（二）加强水土保持型地区综合整治

在黄土高原、长江上游、西南岩溶石漠化、西藏“一江两河”等地区，以小流域为单元，山、水、林、田、路统一规划，综合治理，优化配置工程、生物、农业等水土保持措施，重点治理与生态修复相结合，最大限度地控制水土流失。开展以封山育林、人工造林种草为主的植被建设，提高植被覆盖率；加强水源工程建设，推行节水灌溉和雨水集蓄利用，发展旱作节水农业；开展坡改梯和中低产田土改造，限制陡坡垦殖，对陡坡耕地实施退耕还林还草，恢复退化植被，发展特色农林产业和草食畜牧业，提高水土保持能力和水资源利用率。到2020年和2030年，全国水土流失面积占比分别低于32%和30%。

（三）开展防风固沙型地区综合整治

在内蒙古东部草原、西北、松嫩平原沙化区等防风固沙区，开展以生态林建设、草原恢复、田林网建设、防风固沙为重点的国土综合整治。在沙漠化脆弱区实施退耕还林、还草和沙化土地治理；在准噶尔盆地边缘、塔里木河中下游、塔里木盆地南部、石羊河下游等重度荒漠化地区，实施以构建完整防护体系为内容的综合整治工程；在内蒙古、宁夏、甘肃、新疆等地的少数沙化严重地区，实行有计划生态移民，全面封育保护，促进区域生态恢复。重视重点区域工程固沙，继续实施京津风沙源等国土综合整治工程，加强林草植被保护，对退化、沙化草原实施禁牧或围栏封育，提高植被覆盖率，在适宜地区推进植树造林，推进沙化土地治理。

第五节　矿产资源开发集中区国土综合整治

一、矿产资源开发集中区范围界定

矿产资源是发展之基、生产之要。矿产资源开发集中区作为典型的资源型地区，对保障国家资源安全、构建国土空间开发战略格局至关重要。《全国主体功能区规划》认定矿产资源基地不属于独立的主体功能区，是“点”状分布于优化开发区、重点开发区和限制开发区之中的。但从实际看，我国矿产资源开发历史时间长、空间范围广，对自然景观和生态环境也造成较大的影响，已经超出“点”的概念。

对于矿产资源开发集中区的范围尚未有统一的界定。2013 年国务院印发的《全国资源型城市可持续发展规划（2013—2020 年）》确定了 262 个资源型城市，其中地级行政区（包括地级市、地区、自治州、盟等）126 个，县级市 62 个，县（包括自治县、林区等）58 个，市辖区（开发区、管理区）16 个。国土资源部 2008 年发布的《全国矿产资源规划（2008～2015 年）》，即第二轮全国矿产资源规划，在全国划定了 75 个国家级矿业经济区、197 个重要非能源矿产重点勘查区和 100 个能源矿产重点勘查区、179 个重要非能源矿产重点开采区和 166 个重要能源矿产重点开采区，以及 76 个矿山地质环境重点治理区和 12 个矿区土地复垦重点区。其中，76 个矿山地质环境重点治理区是矿山地质环境问题突出的区域，是由中国地质环境监测院牵头，联合我国 31 个省级地质环境监测总站开展了全国矿山地质环境现状调查后进行确定的。在上述工作的基础上，2016 年 11 月国务院批复的《全国矿产资源规划（2016—2020 年）》，即第三轮全国矿产资源规划，提出建设 103 个能源资源基地，作为保障国家资源安全供应的战略核心区域，同时划定了 524 个矿山地质环境重点治理区。

这些能源资源基地和矿山地质环境重点治理区是我国矿产资源开发集中区的主体。其中，全国矿产资源规划确定的矿山地质环境重点治理区是矿山地质环境破坏严重、影响人民生命财产安全的地区，需要针对不同地区存在的具体问题，开展矿山采空区地面塌陷、水土环境污染和矿山固体废弃物占用破坏土地等国土综合整治，改善矿区及周边地区生态环境。

二、矿产资源开发集中区国土综合整治存在的主要问题

矿产资源开发集中区为我国经济社会发展提供了重要能源保障和物质基

础，也带来了占用和损毁土地、影响自然景观、破坏区域水平衡、污染生态环境、引发地质灾害等一系列问题。受制于资金投入不足、恢复治理意识薄弱、历史遗留问题较多等因素，截至 2015 年底，全国累计完成矿山地质环境治理恢复面积约 81 万公顷，治理率仅为 26.7%，矿产资源开发集中区国土综合整治工作面临的形势较为严峻，任重而道远。

（一）矿产资源开发占用和损毁土地、影响自然景观

据 2017 年 6 月召开的全国地质环境管理工作会议，我国年采出矿石总量超过 136 亿吨。矿产资源开发活动中的尾矿堆放、露天采坑、采矿塌陷等会造成土地破坏。近些年来全国采矿破坏的土地日益增多，并且不断扩大，其中不少为农用地。中国地质环境监测院发布的《全国矿山地质环境动态分析报告》显示，早在 2010 年全国各类矿山采矿活动共破坏土地已达 386.8 万公顷。若采矿破坏的土地得不到复垦，将会加剧人多地少的矛盾，并加快矿山水土流失和土地荒漠化的进程。此外，露天采矿和采矿废渣堆置破坏了大量植被，影响了自然景观。

（二）破坏区域水平衡

矿山企业在建矿、采矿过程中会进行强制性矿坑排水，一些进行地下开采的矿区采空区上部塌陷开裂使上覆地下水漏失，这些现象都会严重影响或破坏矿区地下水均衡，导致矿区及周围地下水位下降、泉流量减少甚至泉干涸，从而造成矿区水资源破坏、供水紧张、植被枯死和灌溉困难等一系列问题。截至 2010 年底，全国采矿活动抽排地下水影响矿区含水层的范围约 4.96 万平方千米；2010 年度全国累计矿坑排水量约 694.1 亿吨。

（三）矿业活动废弃物排放严重污染生态环境

我国矿业活动产生的各种废水，包括矿坑水，选矿、冶炼废水及尾矿池水等，含有大量的有毒物质，一些矿业企业的废水未经达标处理就任意排放，

造成土壤和水体污染。矿业活动还产生大量的固体废弃物。据统计，截至 2010 年底，采矿活动产生的固体废弃物累计积存量达 411.4 亿吨。煤矸石、露天矿剥离物、尾矿等矿业废渣堆积不仅占用大量土地，而且含有害化学元素的废渣因降雨浸润，污染地表水、地下水和土壤，造成严重的环境污染。

（四）矿产资源开发活动频繁引发地质灾害

矿产资源开发活动强烈改变了矿区的地质环境，地下采空、地面及边坡开挖可能导致地面开裂、崩塌和滑坡等地质灾害，不仅破坏自然地质景观，也威胁到矿山人民的生命和财产安全。根据中国地质环境监测院的调查，全国矿山引发的地质灾害逐年上升。从 2005 年到 2010 年全国矿山引发的各类地质灾害由 12 379 起上升到 21 932 起，造成的直接经济损失由 161.6 亿元上升到 335.3 亿元。2005～2010 年全国地质灾害数量及造成损失情况如图 10-3 所示。

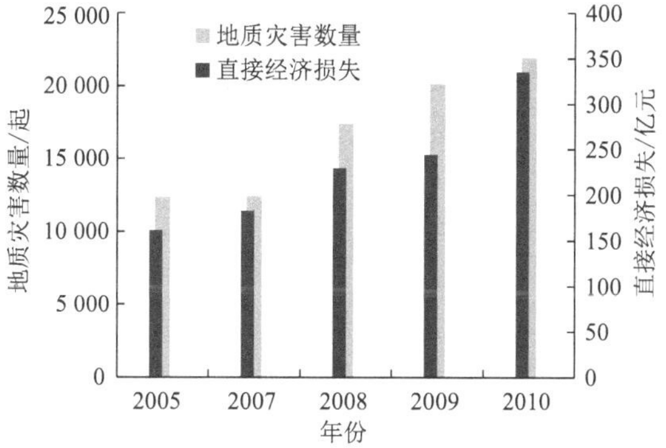

图 10-3　2005～2010 年地质灾害数量及造成损失情况

三、矿产资源开发集中区国土综合整治策略

（一）加快历史遗留矿山综合整治力度

加强历史遗留矿山地质环境治理和工矿废弃地复垦利用。在矿山地质环

境破坏严重、影响人民生命财产安全的地区，开展矿山采空区地面塌陷、水土环境污染和矿山固体废弃物占用破坏土地等问题综合治理，改善矿区及周边地区生态环境。稳步推进工矿废弃地复垦利用，盘活和合理调整建设用地布局。《全国国土规划纲要（2016—2030 年）》、全国矿产资源规划等确定到 2020 年和 2030 年，历史遗留矿山综合整治率分别达到 40%以上和 60%以上。

（二）同步恢复治理新建和生产矿山

按照“谁破坏，谁治理”的原则，明确矿业权人的义务，加强矿山开采和选矿过程中的废污水处理、废石尾矿长期堆放的环境污染治理，实现同步恢复治理。依法落实新建和在建矿山土地复垦责任，完善相关机制，同步治理恢复被破坏的矿区土地。

（三）加快绿色矿山和矿山公园建设

注重资源效益、生态效益、经济效益和社会效益相统一，大力建设绿色矿山，推进形成全国绿色矿山建设格局，促进资源合理利用、节能减排、保护生态环境和社区和谐。将建设矿山公园与矿山地质环境恢复治理相结合，积极挖掘矿业遗迹的观赏价值和科学研究价值，支持发展矿业旅游。

第六节　海岸带、海域和海岛国土综合整治

一、我国海岸带、海域和海岛的基本情况及整治修复工作进展

我国由北向南依次濒临渤海、黄海、东海和南海，拥有大陆岸线 1.8 万多千米，17 条主要入海河流和众多港湾；拥有面积大于 500 平方米的海岛 7300

多个，其中有居民海岛 400 多个，总体呈无人岛多、有人岛少，近岸岛多、远岸岛少，南方岛多、北方岛少的特点。

进入 21 世纪后，我国开始逐步重视海洋生态环境保护工作，开展了一些整治修复工作，建立了辽河口湿地生态功能保护区、舟山岛屿生态功能保护区、红树林生态功能保护区、珊瑚礁生态功能保护区等国家海洋生态环境保护与建设示范区。

2001 年国家环境保护总局联合交通部、农业部等单位开展了以整治陆源污染为重点，以恢复和改善渤海的水质和生态环境为立足点的“渤海碧海行动计划”（2001～2015 年）。在该计划中，进行了环境管理区划，将渤海分为 4 个控制带（圈），即上游流域控制带、沿海陆域控制带、近岸海域控制带和渤海中部海域控制带；同时还提出了污染控制策略、生态恢复策略，制定了陆源污染物入海总量控制目标。

此外，还有各省级政府及相关主管部门针对具体的河口进行整治的规划研究。例如，2004 年水利部长江水利委员会编制完成了《长江口综合整治开发规划要点报告（2004 年修订）》，较为全面地阐述了长江口综合整治开发研究的思路，提出了长江口综合整治开发与生态环境保护所涉及的重要问题，具体提出了长江南支、北支的综合整治规划和整治工程。

近些年来，我国加强了近岸海域、海岸带和海岛生态环境的整治修复工作，取得了一定成效。国家海洋局“十二五”海洋工作基本思路中明确指出，要“组织实施海岸带综合整治修复，合理配置海域资源，规范海洋开发秩序”。海岸带整治修复工作被纳入海洋综合管理和海洋环境保护的工作内容。国家海洋局及沿海地区各级政府组织开展了大量的整治修复工作。

2010 年，国家海洋局在全国范围内开展了海域海岸整治修复工程，整治修复项目涉及沙滩养护、海岸侵蚀防护、滨海湿地修复、海岛整治修复、海岸景观修复等方面，首批 17 个海域海岸整治修复项目已经在全国沿海地区实施。我国部分省级政府和海洋主管部门也开展了一些海岸带综合整治项目，通过这些项目的开展，对局部海岸段资源环境进行了综合整治，也取得了一定的工作经验，并为沿海地区带来显著的经济、社会和生态效益，保障了沿海地区经济社会可持续发展。有的整治项目成为成功的范例，如大连市星海湾综合整治工程、大连市南部海域养殖浮筏清理工程、厦门市环东海海域综合整治、青岛市汇泉湾沙滩及海岸整治、秦皇岛市北戴河中直机关沙滩浴场整治、钦州市茅尾海清淤整治项目、防城港蓝色海湾项目等。

二、我国海岸带、海域和海岛国土综合整治存在的主要问题

中华人民共和国成立后，我国海岸带及近岸海域经历了近 60 年的高强度开发，尤其是三次大规模的围填海造地活动，在为沿海地区经济建设、人口增长提供了发展空间的同时，也带来了生态退化、环境恶化、渔业资源衰竭、海湾束狭淤积等问题。这些问题已威胁到我国海域资源的质量与可持续利用，对国家发展战略的部署与实施产生了不利影响。

（一）缺少科学的利用规划，海岸和海域资源浪费严重

历史上，由于缺乏科学的规划指导，对海域的资源环境特性和开发潜力又缺乏清晰的认识，在短期经济利益驱动下，一窝蜂地盲目开发，随意占用稀缺的海域海岸资源，造成了大量珍稀海域海岸资源的浪费和破坏。这突出表现为近岸海域围填海规模较大，2002～2014 年全国围填海造地确权面积达 1339 平方千米，早在 2008 年时距海岸线 1 千米范围内海域被开发占用面积已经超过 80%。

我国近岸用海大多为高密度、低效能、粗放式的用海，严重破坏了海岸带和近岸海域的生态环境，并造成大陆自然岸线锐减。在交通物流、生物制药、现代装备制造等产业及城市建设不断趋海发展的新形势下，现有海岸带和近岸海域空间已经难以满足新增建设用海的需求，进而影响部分沿海地区发展战略的有效实施。

（二）海洋生态环境恶化，海洋灾害影响日益加大

我国海洋环境污染问题突出。入海河流污染物排放总量大，近岸海域水质恶化趋势没有得到遏制，局部海域污染严重，主要分布在辽东湾、渤海湾、胶州湾、长江口、杭州湾、闽江口、珠江口及部分大中城市近岸海域。受全球气候变化、不合理开发活动等影响，近岸海域生态功能有所退化，生物多样性降低，海水富营养化问题突出，赤潮等海洋生态灾害频发，一些典型海洋生态系统受损严重，部分岛屿特殊生境难以维系。受海岸和近岸海域大规模围填海和不合理人工构筑物的影响，我国海岸灾害防护能力降低，灾害发生频率和灾害损失明显升高。2011～2014 年，我国共发生风暴潮、海浪、海冰等海洋灾害近 500 次，平均每年有 7 个热带气旋登陆。2001～2016 年，我国海洋灾害造成的直接经济损失超过 2010 亿元。《2016 年中国海洋灾害公报》显示，2016 年我国各类海洋灾害共造成直接经济损失 50 亿元，海洋灾害已成为沿海地区可持续发展的严重威胁。

（三）养殖用海粗放，需要转变产业发展模式

目前，我国近海养殖产量约占世界近海养殖总产量的 70%，养殖品种有 70 多种，养殖模式也逐步向多元化发展。但是，多数地方的海水养殖业仍然沿袭历史上粗放式的产业布局，科技含量低，开发建设不规范，海域利用效率低。需要加强监管，通过整治修复海域养殖区，实现水产品养殖的规模化、集约化、科学化和绿色化。

（四）滨海景观资源遭到破坏，影响滨海旅游等产业发展

目前，我国有超过 30%的原生砂质海岸遭到开发活动破坏，超过 60%的沿岸沙坝、海岸潟湖等地貌景观被损毁，重点海湾面积缩减，海湾景观生态明显恶化，主要滨海湿地的景观格局受到人类活动的不良影响。需要建立滨海景观资源的修复机制，逐步修复重建濒危滨海景观资源，提升海岸景观美学价值，改善海岸人居环境，促进滨海旅游业健康发展。

三、海岸带、海域和海岛国土综合整治策略

（一）推进海岸带、海域综合整治

在渤海湾、江苏苏北沿海、福建厦门到平潭沿海、广东珠江口等区带开展海岸带综合整治，恢复海湾、河口海域的面积、水动力和生态环境，维护海岸自然系统平衡。推进近岸海域生态恢复，整治受损岸线，重点对开发利用造成的自然景观受损严重、生态功能退化、防灾能力减弱，以及利用效率低下的海域、海岸带进行修复整治，到2020年完成整治和修复海岸线长度不少于2000千米，全国近岸海域保留区面积比例不低于10%。严格控制开发利用海岸线，到2030年大陆自然岸线保有率不低于35%。

主要措施包括：通过清淤、拓展水面等恢复海湾、河口海域的面积、水动力和生态环境，通过海堤拆除、改造等退堤还海恢复海湾面积，通过清淤通流、拆除湾口（河口）人工设施和人工构筑物增强海湾水交换能力和河流泄洪能力，通过排污治理、海底清淤和底质改造等改善海洋环境质量，保障海域生态服务功能的正常发挥。对于海岸侵蚀等情况较为严重的岸段，通过修建近岸防护堤、海岸养护、海滩人工补沙等主动措施，理顺近岸海域海流，维护海岸自然系统平衡，防治海洋灾害。对于不合理海岸工程布局所造成的侵蚀区，采用拆除或增设部分填海区等措施重新构筑平衡态势下的海岸格局，确保损失最小。对围填海后沉降明显区域进行整治，采取工程措施防止对已有工程设施和居民生活造成影响。对于风景名胜区及重要旅游区、大中城市毗邻海域等具有开发潜力的海岸和海域，进行科学的景观设计与规划，通过滨海休闲长廊、海岸公园、滨海步行道等海岸景观建设，营造适宜人民群众亲水的海岸环境，整体提升区域景观质量，改善沿岸人居环境。拆除不合理海岸人工设施，恢复自然岸线及海岸原生风貌和景观。针对严重影响海岸生态环境的围海人工岸线区段，制订科学的工程方案，拆除堤坝等人工构筑物，逐步恢复本底自然海岸的原生风貌和景观格局。针对重点受损沙滩区域，

遵循海岸演变的自然规律，依据海域的水动力条件和泥沙输运模式，选择科学合理的海滩人工补沙方案，使人工海滩达到平衡状态并维持稳定。加强陆域污染控制，削减入海河流污染负荷。严格执行养殖废水排放标准，控制养殖尾水排放。加强海岸带旅游环境治理，提高涉海旅游区域污水、垃圾收集处理率。

（二）开展海岛综合整治

在舟山群岛、平潭岛等重要海岛开展海岛保护，开展有居民海岛整治，并进行拟开发利用海岛与偏远海岛基础设施改善与整治，显著改善海岛码头、淡水等基础设施条件，保护海岛自然资源和生态环境，治理海岛水土流失和海岛污染。加强领海基点海岛保护工程建设，保持领海基点海岛及其周边区域地形、地貌的稳定，修复生态受损的领海基点海岛。规范无居民海岛开发利用，实施无居民海岛生态修复，保护无居民海岛生态环境。

第十一章

开展国土综合整治建议

第一节　明晰国土综合整治路线图

通过总结国内外国土综合整治的有益模式和成功经验，本书提出按照“调查评价—宏观区划—整体规划设计—部署工程—推进实施”（图 11-1）的技术路线图，在全国推进国土综合整治工作。

一、开展国土综合整治基础调查评价

综合评估以往国土整治工作取得的成效与存在的问题，总结经验与不足；充分整合和利用国土资源调查评价、全国土地资源调查、基础地理测绘、地理国情普查等成果，分析不同区域国土综合整治面临的主要矛盾和问题，确定国土综合整治需解决的主要问题。

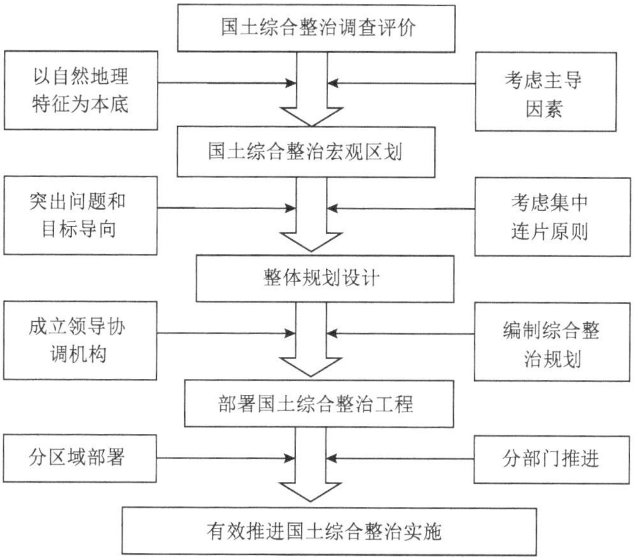

图 11-1　国土综合整治技术路线图

二、进行国土综合整治区划和试点选区

在综合分析的基础上，以国土的自然地理特征为本底，按照影响区域国土开发利用的主要问题和矛盾，在全国范围内进行国土综合整治区划，并优先划定扶贫开发地区、边境地区等国土综合整治重点区域。根据我国行政管理体制的特点，选择县级行政区作为全国国土综合整治区划的基本单元。

三、开展统一规划和重点工作部署

针对不同的国土综合整治分区，建立国土综合整治管理与实施的工作机构或工作机制，将目标导向和问题导向相结合，编制国土综合整治规划，统筹考虑项目区内土地整治、水利建设、环境治理、基础设施建设、产业发展等各项整治措施，提出工程落实方案。

四、部署实施国土综合整治示范工程

针对每类国土综合整治区域的特色问题，结合区域工作基础，建议选择重点地区和典型区域，部署实施国土综合整治示范工程。国土综合整治示范区所在行政单元的各部门按照整体规划的要求，在各自职责范围内，推进国土整治工作。保障各项工作在整体设计下，统筹、有序推进国土综合整治示范工程的开展。

第二节　健全国土综合整治政策措施

一、建立政府主导、多部门合作的组织模式

切实发挥政府的主导作用，建立以国土综合整治为平台的部门协调合作模式。逐步改变国土开发整治各自为政、条块分割的情况，统筹涉及国土综合整治的各项工作，加快国土综合整治实施进度并提高整体效果。重视发挥国土综合整治示范作用，选择具有一定地域代表性，集中连片，利于综合整治效果产出，对全国具有示范意义的地区进行国土综合整治示范区建设。成立领导组织机构，建立部门联合机制，组织协调国土综合整治工作。编制国土综合整治规划，统筹推进土地整治、水利建设、环境治理、基础设施建设、产业发展和人口发展等各项工作，带动国土综合整治工作全面开展。

二、建立资金多元化投入模式

充分发挥中央财政资金的引导作用，加大对国土综合整治重点区倾斜力度。探索国土综合整治市场化机制，拓宽投融资渠道，形成以政府资金为主

导，广泛吸引社会资金投入的多元化投入机制。发挥国土综合整治重大工程载体作用，聚合各部门投入，形成合力，加大国土综合整治力度。建立完善耕地保护经济补偿和生态补偿等机制，加大工业化和城镇化地区对粮食主产区、重要生态功能区、资源开发集中区等区域的转移支付力度，充分调动相关地区开展国土综合整治的积极性。探索建立国土综合整治激励与约束机制，按照“谁破坏，谁治理”的原则，强化约束相关责任主体加大对国土综合整治的投入力度，按照“谁投资，谁受益”的原则，鼓励和引导社会资金参与国土综合整治。

三、强化国土综合整治制度供给

加大综合性配套制度供给力度，出台有利于开展国土综合整治的政策措施，建立有利于规范化推进国土综合整治的长效机制。总结完善城乡建设用地增减挂钩试点、耕地保护补偿机制试点、低丘缓坡荒滩等未利用地开发利用试点、工矿废弃地复垦调整利用试点、城市低效用地再开发试点、海陆统筹试点、西北未利用地综合开发试点等试点经验，进一步完善相关政策措施，为规范开展相关国土综合整治工作提供制度保障（刘冬荣等，2016）。制定相应激励措施，鼓励地方各级国土综合整治管理部门围绕总体部署，开展国土综合整治示范区和示范工程建设，积极主动探索有利于推进国土综合整治的新模式。鼓励采用新技术、新方法和新设备，提升各项整治工作的技术水平和管理水平，提高综合整治效率。

参 考 文 献

安翠娟, 王素萍, 侯华丽. 2010. 北京市国土资源综合整治分区及整治对策研究[J]. 国土与自然资源研究, (5): 15-16.

白宪台, 景才瑞. 1994. 论江汉平原以治水为主的国土综合整治对策[J]. 长江流域资源与环境, (2): 121-126.

毕维铭. 1993. 国土整治与经济建设[M]. 北京: 首都师范大学出版社: 4-5.

蔡玉梅, 高延利, 易凡平. 2017. 发达国家空间规划的经验和启示[J]. 中国土地, (6): 36-39.

崔明, 覃志豪, 唐冲, 等. 2006. 我国新农村建设类型划分与模式研究[J]. 城市规划, (12): 27-32.

邓玲, 郝庆. 2016. 国土综合整治及其机制研究[J]. 科学, 68(3): 40-44.

董祚继, 吴次芳, 叶艳妹, 等. 2017. “多规合一”的理论与实践[M]. 杭州: 浙江大学出版社: 9-11.

樊杰. 2013. 主体功能区战略与优化国土空间开发格局[J]. 中国科学院院刊, (2): 193-206.

方觉曙. 1992. 皖南山区国土开发与综合整治[J]. 山地研究, (1): 25-32.

方磊, 黎福贤. 1982. 对国土规划几点粗浅的看法[J]. 城市规划, (6): 32-34.

封志明, 潘明麒, 张晶. 2006. 中国国土综合整治区划研究[J]. 自然资源学报, (1): 45-54.

封志明, 杨艳昭, 闫慧敏, 等. 2017. 百年来的资源环境承载力研究: 从理论到实践[J]. 资源科学, 39(3): 379-395.

福建省编办课题组. 2017. 福建自然资源资产管理体制改革研究[J]. 中国机构改革与管理, (7): 43-46.

郝庆. 2014. 区域性国土规划空间分区研究[J]. 国土与自然资源研究, (1): 3-4.

郝庆, 杜舰, 邓玲. 2007. 东北地区国土资源综合整治规划研究初探[J]. 中国国土资源经济, (4): 6-7, 45-46.

郝庆, 孟旭光, 周璞. 2012. 我国国土规划的发展历程与编制思路创新[J]. 科学, (3): 4, 42-45.

胡序威. 1982. 国土规划与区域规划[J]. 经济地理, (1): 3-8

黄贤全, 彭前胜. 2006. 美国政府对阿巴拉契亚地区的两次开发[J]. 西南大学学报(人文社会科学版), (5): 146-150.

黄勇. 1990. 杭州湾六市综合开发整治的轮廓构想[J]. 国土与自然资源研究, (1): 20-24.

贾文涛. 2013. 以生态文明理念为引领 大力推进国土综合整治[J]. 南方国土资源, (4): 17-19.

李如义. 2005. 土地开发整理项目资金管理体制再造[J]. 中国土地, (6): 25.

李裕瑞, 刘彦随, 龙花楼. 2011. 黄淮海地区乡村发展格局与类型[J]. 地理研究, (9): 1637-1647.

李仲贤. 1986. 漫话美国的国土整治[J]. 水土保持科技情报, (2): 63.

林家彬. 2004. 日本国土政策及规划的最新动向及其启示[J]. 城市规划学刊, (6): 34-37, 95.

林坚, 许超诣. 2013. 土地发展权、空间管制与规划协同[J]. 小城镇建设, (12): 30-31.

刘冬荣, 彭佳捷, 吕焕哲. 2016. 村级土地利用规划的探索与实践——以湖南省村级国土综合整治规划为例[J]. 国土资源导刊, 13(3): 63-67, 96.
刘雯. 2009. 乡镇国土整治与农村经济社会可持续发展研究——以重庆市江北区五宝镇为例[J]. 中国经贸导刊, (15): 33.
刘湘辉. 1995. 美国国土综合整治的典型——切萨皮克湾综合治理的成功经验[J]. 国土与自然资源研究, (2): 75-80 .
刘新卫. 2015. 构建国土综合整治政策体系的思考[J]. 中国土地, (11): 43-45.
陆大道. 1984. 关于国土(整治)规划的类型及基本职能[J]. 经济地理, (1): 3-9.
陆大道. 2017. 变化发展中的中国人文与经济地理学[J]. 地理科学, 37(5): 641-650.
孟旭光,卜善祥, 李新玉. 2003. 国土整治的国际化特征与发展趋势[J]. 中国矿业, (9): 2-4.
孟旭光, 吕宾, 杜舰, 等. 国土资源与环境承载力评价[M]. 北京: 中国大地出版社, 2010.
祁帆, 邓红蒂, 贾克敬, 等. 2017. 我国空间规划体系建设思考与展望[J]. 国土资源情报, (7): 10-16.
钦国华. 2016. 近十年来国内“多规合一”问题研究进展[J]. 现代城市研究, (9): 2-8.
盛科荣, 樊杰. 2016. 主体功能区作为国土开发的基础制度作用[J]. 中国科学院院刊, (1): 44-50.
石元春. 1994. 以黄淮海平原为例谈区域资源开发和持续利用[J]. 中国科学院院刊, (3): 239-244.
王锦华. 1982. 用全局观点、生态观点指导国土的综合整治[J]. 河北学刊, (4): 64-68.
魏东岳. 2013. 农村土地整治的现实问题及对策[J]. 中国土地, (6): 28-29.
文兰娇, 张晶晶. 2015. 国土空间管制、土地非均衡发展与外部性研究: 回顾与展望[J]. 中国土地科学, 29(7): 4-12.
吴传钧. 1982. 国土整治与规划[J]. 水土保持通报, (5): 68-72.
肖轶, 尹珂. 2012. 综合国土整治规划环境友好型土地利用影响评价——以重庆市璧山县大路镇为例[J]. 水土保持研究, (5): 243-247, 252.
徐全红. 2009. 转型期“三农”公共财政政策[M]. 北京: 社会科学文献出版社: 137.
严金明, 夏方舟, 李强. 2012. 中国土地综合整治战略顶层设计[J]. 农业工程学报, (14): 1-9.
阳含熙. 1982. 生态学与国土整治[J]. 水土保持通报, (5): 72-76, 95.
杨树珍. 1983. 国土整治与经济区划[J]. 地理学报, (2): 105-112.
杨郁华. 1983. 国外国土整治经验介绍——美国田纳西河是怎样变害为利的[J]. 地理译报, (3): 1-5.
于光远. 1982. 自然科学家和社会科学家密切合作深入探讨国土整治的战略问题[J]. 水土保持通报, (5): 51-61.
袁中友, 杜继丰, 王枫. 2012. 日本土地整治经验及其对中国的启示[J]. 国土资源情报, (3): 15-19.
郧文聚. 2011. 鸟瞰日本土地整治[J]. 中国土地, (3): 55-57.
张宁宁. 1999. 日本土地资源管理一瞥[J]. 中国土地科学, (1): 45-47.
中村刚治郎, 杨云峰, 哈斯巴特尔. 1989. 战后日本的国土整治的经验教训和第四次全国综合发展计划[J]. 地理科学进展, (2): 19-23.

周君. 2015-04-04. 美国式“土地增减挂钩”解析[N]. 中国国土资源报, 3.
Arrow K, Bolin B, Costanza R, et al. 1995. Economic growth, carrying capacity, and the environment[J]. Science, 268(5210): 520.
Schindler D W. 1996. The environment, carrying capacity and economic growth[J]. Ecological Applications, 6(1): 17-19.
Wirth L. 1938. Urbanism as a way of life [J]. American Journal of Sociology, 44(1): 1-24.

后记

我国曾长期追求经济的高速增长，忽视了资源节约和生态环境保护工作，加之“九龙治水、部门分割”等行政体制的影响，国土综合整治工作曾长期处于低迷状态。党的十八大之后，中央提出“加快推进生态文明建设”，各地从追求大开发、大发展，逐步转向自觉践行生态文明建设理念。国土综合整治作为维护国土安全，保障可持续发展，促进城乡区域协调发展的重要抓手和落实生态文明建设的重要途径，日益受到重视。

同时，也应该看到在以往相关工作中，由于科学的缺失、决策的失误，一些地区出现了国土开发无序、空间失衡等问题，一些国土综合整治工程不仅未能实现修复受损国土的既定目标，反而对生态系统、地域功能造成新的损伤。我们一定要认识到国土综合整治是具体的业务实践工作，更是科学的工作，是地理学、资源科学、农学、生态学、经济学、工程学的重要研究领域，是“人口、资源、环境、经济、社会”综合系统的核心问题。未来需要加强对相关工作的研究。

首先，需要充分认识国土综合整治的科学性。要对自然、对科学怀有敬畏之心。远有“毁林开荒”“战天斗地”造成的大面积水土流失；近有“向海要地”，破坏海洋生态系统的惨痛教训。国土综合整治工作要从科学的角度审视国土，对地质环境、地域功能、生态系统等有科学的研判。要尽可能让更多学科的专家参与其中，减少科学的缺失。

其次，需要夯实国土综合整治的群众参与基础。国土整治是国土要素、结构和功能的重塑，也是自然资源权属、权益的重新分配，需要保证群众充分的知情权、参与权和监督权。在实施国土综合整治中尊重群众意愿、保障群众权益、吸纳群众智慧，将国土综合整治变成群众自己的工程，让更多群众自觉地投入国土综合整治之中。

再次，需要形成强有力的组织机制。国土综合整治涉及多个部门和多个行政层级。在“筒仓思维”下，各个部门很容易踞守于自己的领域，维护部门的利益，将系统的国土综合整治工作碎片化。一方面需要做好国土综合整治的顶层设计，在统一规划和总体部署下，明确组织分工；另一方面要构建强力的组织机制，加强沟通协调，统筹推进国土综合整治高效有序开展。

最后，需要引入市场参与机制。国土综合整治是一项长期而艰巨的工作，需要大量的人力、物力、财力投入，难以单纯依靠政府投入。需要探索国土综合整治的市场参与机制，拓宽投融资渠道，建设和完善社会资金多元化投入机制，吸引更多社会力量参与其中。

2006年夏，笔者在参与《国土资源“十一五”规划纲要》相关专题时，开始学习了解国土整治的相关内容；2008年到国土资源系统工作之后，主要从事国土规划和国土综合整治相关工作；2012年有幸被“全国国土规划纲要编制领导小组办公室”聘为《全国国土规划纲要（2016—2030年）》首席专家组成员、专家咨询委员会委员，参与规划的文本起草、编制说明、规划报批及后续宣传等工作，负责起草了国土综合整治有关内容，并承担了“国土综合整治前期研究”“国土综合整治机制研究”等课题。在完成《全国国土规划纲要（2016—2030年）》编制与相关课题研究任务后，笔者开始筹备本书编写工作，至今已将近三年时间。

在本书编写期间，我国自然资源管理、空间规划、国土综合整治等空间治理面临的环境发生了可喜的变化。在本书即将付梓之际，第十三届全国人民代表大会第一次会议表决通过国务院机构改革方案，组建自然资源部，统一行使全民所有自然资源资产所有者职责，统一行使所有国土空间用途管制和生态保护修复职责，着力解决自然资源所有者不到位、空间规划重叠等问题，实现山水林田湖草整体保护、系统修复、综合治理。组建生态环境部，整合分散的生态环境保护职责，统一行使生态和城乡各类污染排放监管与行政执法职责，加强环境污染治理，保障国家生态安全，建设美丽中国。此次国务院机构改革将会是我国空间治理体系和治理能力现代化进程中的一个重要里程碑，为开展国土综合整治、实施山水林田湖草综合治理提供了新的机遇。相信在大家的共同努力下，未来国土综合整治在打造生态国土、助力乡村振兴、建设美丽中国的进程中，将会发挥更加重要的作用。期望在创新、协调、绿色、开放、共享发展理念的指引下，更多学者能够借鉴国外经验、总结地方实践，不断探索创新，推动国土综合整治事业发展。

受知识水平和时间精力所限，本书未能在国土综合整治领域提出更多有价值的理论创新和对策建议，存在很多不足之处，望读者多多批评指正。

郝　庆

2018年3月14日